한 번에 합격,
자격증은 이기적

이렇게
기막힌
적중률

KB189727

함께 공부하고 특별한 혜택까지!

이기적 스터디 카페   Q

구독자 13만 명, 전강 무료!

이기적 유튜브   Q

자격증 독학, 어렵지 않다!
수험생 **합격** 전담마크

이기적 스터디 카페

 스터디 만들어 함께 공부

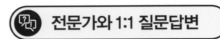 전문가와 1:1 질문답변

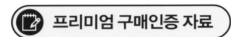 프리미엄 구매인증 자료

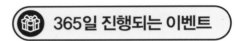 365일 진행되는 이벤트

이기적 스터디 카페 🔍

인증만 하면, 고퀄리티 강의가 무료!
100% 무료 강의

1년 365일 이기적이 쏜다!

365일 진행되는 이벤트에 참여하고 다양한 혜택을 누리세요.

EVENT ❶
기출문제 복원

- 이기적 독자 수험생 대상
- 응시일로부터 7일 이내 시험만 가능
- 스터디 카페의 링크 클릭하여 제보

이벤트 자세히 보기 ▶

EVENT ❷
합격 후기 작성

- 이기적 스터디 카페의 가이드 준수
- 네이버 카페 또는 개인 SNS에 등록 후
  이기적 스터디 카페에 인증

이벤트 자세히 보기 ▶

EVENT ❸
온라인 서점 리뷰

- 온라인 서점 구매자 대상
- 한줄평 또는 텍스트 & 포토리뷰 작성 후
  이기적 스터디 카페에 인증

이벤트 자세히 보기 ▶

EVENT ❹
정오표 제보

- 이름, 연락처 필수 기재
- 도서명, 페이지, 수정사항 작성
- book2@youngjin.com으로 제보

이벤트 자세히 보기 ▶

N Pay 20,000원
네이버페이 포인트 쿠폰

영진닷컴 쇼핑몰 30,000원

- N페이 포인트 5,000~20,000원 지급
- 영진닷컴 쇼핑몰 30,000원 적립
- 30,000원 미만의 영진닷컴 도서 증정

※이벤트별 혜택은 변경될 수 있으므로 자세한 내용은 해당 QR을 참고하세요.

이기적 크루를 찾습니다!

WANTED

저자 · 강사 · 감수자 · 베타테스터 상시 모집

저자 · 강사

분야 수험서 전 분야
수험서 집필 혹은 동영상 강의 촬영

요건 관련 강사, 유튜버, 블로거 우대

혜택 이기적 수험서 저자 · 강사 자격
집필 경력 증명서 발급

감수자

분야 수험서 전 분야

요건 관련 전문 지식 보유자

혜택 소정의 감수료
도서 내 감수자 이름 기재
저자 모집 시 우대(우수 감수자)

베타테스터

분야 수험서 전 분야

요건 관련 수험생, 전공자, 교사/강사

혜택 활동 인증서 & 참여 도서 1권
영진닷컴 쇼핑몰 30,000원 적립
스타벅스 기프티콘(우수 활동자)
백화점 상품권 100,000원(우수 테스터)

◀ 모집 공고 자세히 보기

이메일 문의하기 ✉ book2@youngjin.com

기억나는 문제 제보하고 N페이 포인트 받자!
기출 복원 EVENT

성명	이기적		수험번호	2 0 2 4 1 1 1 3

Q. 응시한 시험 문제를 기억나는 대로 적어주세요!

① 365일 진행되는 이벤트 ② 참여자 100% 당첨 ③ 우수 참여자는 N페이 포인트까지

영진닷컴 쇼핑몰
30,000원

네이버페이
포인트 쿠폰
N Pay
20,000원

적중률 100% 도서를 만들어주신 여러분을 위한 감사의 선물을 준비했어요.

신청자격 이기적 수험서로 공부하고 시험에 응시한 모든 독자님

참여방법 이기적 스터디 카페의 이벤트 페이지를 통해 문제를 제보해 주세요.
※ 응시일로부터 7일 이내의 시험 복원만 인정됩니다.

유의사항 중복, 누락, 허위 문제를 제보한 경우 이벤트 대상에서 제외됩니다.

참여혜택 영진닷컴 쇼핑몰 30,000원 적립
정성껏 제보해 주신 분께 N페이 포인트 5,000~20,000원 차등 지급

이벤트 페이지 확인하기 ▶

이기적이
다 드립니다

여러분은 합격만 하세요! 이기적 합격 성공세트 BIG 3

저자가 직접 알려주는, 무료 동영상 강의

새로운 출제 기준도 문제없이 독학으로 완벽하게!
이기적이 준비한 동영상 강의로 학습하세요.

원하는 자료도 바로바로, 관련 파일 제공

컴퓨터그래픽기능사 시험은 연습이 생명!
여러분의 무제한 연습을 위한 소스도 쉽게 다운로드할 수 있어요.

무엇이든 물어보세요, 1:1 질문답변

공부하다 이해가 가지 않는 내용이 있다면 편하게 질문하세요.
이기적 스터디 카페에서 친절하게 그 해답을 알려줍니다.

※ 〈2025 이기적 컴퓨터그래픽기능사 실기 기본서〉를 구매하고 인증한 회원에게만 드리는 자료입니다.

누적 판매부수 약 1400만 부,
누적 조회수 약 3400만 회를 달성한

이기적 명품 강사진

이기적 강의는
무조건 0원!

이기적 영진닷컴 🔍

강의를 듣다가
궁금한 사항은?

이기적 스터디 카페 🔍

이렇게
기막힌
적중률

컴퓨터그래픽기능사
실기 기본서

1권·이론서

"이" 한 권으로 합격의 "기적"을 경험하세요!

YoungJin.com Y.
영진닷컴

난이도에 따라 분류하였습니다.
- 상 : 반드시 보고 가야 하는 기능
- 중 : 보편적으로 다루어지는 기능
- 하 : 한 번만 연습해도 되는 기능

▶ 표시된 부분은 동영상 강의가 제공됩니다.
이기적 홈페이지(license.youngjin.com)에 접속하여 시청하세요.

▶ 제공하는 동영상과 PDF 자료는 1판 1쇄 기준 2년간 유효합니다.
단, 출제기준안에 따라 동영상 내용은 변경될 수 있습니다.

도서 관련 자료

소스 파일
이기적 홈페이지 자료실

추가 기출문제
이기적 스터디 카페

※ **참여 방법:** '이기적 스터디 카페' 검색 → 이기적 스터디 카페(cafe.naver.com/yjbooks) 접속 → '구매 인증 PDF 증정' 게시판 → 구매 인증 → 메일로 자료 받기

STEP 01 전문가가 핵심기능만 정리한 이론으로 학습

CS6 버전 프로그램
우리 도서에서는 컴퓨터그래
픽기능사 실기시험에서 사용
하는 일러스트레이터, 포토샵,
인디자인을 CS6 버전을 중심
으로 수록하였습니다.

각 프로그램 기능 익히기
프로그램의 다양한 기능들을
소개하고, 각 기능을 사용하면
어떤 효과가 있는지 알기 쉽게
알려줍니다.

STEP 02 대표 기출 따라하기로 유형 파악

싱크로율 100%
시험문제와 디자인 원고 등을
실제 시험과 최대한 비슷하게
재현했습니다.
저자의 완성도 UP, 시간 DOWN
전략을 따라 작업해 보세요.

STEP 03 기출 유형 문제 10회분으로 무한 연습

일러스트레이터 기출 유형 문제
Pen Tool 작업량이 많고 난도가 높은 문제들만 모았습니다. 일러스트레이터 작업 연습이 필요하다면 집중해서 학습하세요.

포토샵 기출 유형 문제
요구하는 합성, 효과, 입체 표현이 많고 난도가 높은 문제들만 모았습니다. 포토샵 작업이 약하다면 집중해서 학습하세요.

STEP 01 실기 원서 접수

- 필기 합격자 응시
- 실기 접수 기간 내 인터넷 접수
  (http://q-net.or.kr)
- 사진(6개월 이내에 촬영한 파일), 수수료

 STEP 02 실기 시험

- 신분증과 수험표 지참
- 3시간 동안 시험지시서와 디자인 원고를 보고
  답안 작성

 STEP 03 실기 합격자 발표

시행일에 맞춰 발표

 STEP 04 자격증 신청 및 수령

인터넷 신청 후 우편배송

01 응시 자격

자격 제한 없음

02 원서 접수

- 수수료 : 23,700원
- 원서접수 마감일 18시까지 계좌 이체 및 카드 결제 가능

03 합격 기준

- 검정 방법 : 작업형
- 시험 시간 : 3시간(예정)
- 합격 기준 : 100점을 만점으로 하여 60점 이상

04 합격자 발표

공지된 합격자 발표일에 발표

05 자격증 수령

- 상장형 자격증을 원칙으로 하며 수첩형 자격증도 발급
- 자격 취득 사실 확인이 필요할 경우 취득사항확인서(한글, 영문) 발급

형태	– 휴대하기 편한 카드 형태의 자격증 – 신청자에 한해 자격증 발급
신청 절차	인터넷 신청 후 우편배송
수수료	– 인터넷 접수 수수료 : 3,100원 – 우편 발송 요금 : 3,010원
수령 방법	방문 수령은 진행하지 않으며, 우편으로만 수령할 수 있음
신청 접수 기간	자격증 신청 기간은 따로 없으며 신청 후 10~15일 후 수령 가능

06 실기 출제 기준

- 적용 기간 : 2025.01.01.~2027.12.31.
- 실기 과목명 : 컴퓨터그래픽 운용 실무

출제 기준 상세 보기

주요항목	세부항목
1. 비주얼 아이데이션 구상	1. 아이디어 구상하기 2. 아이디어 스케치 구상하기 3. 비주얼 방향 구상하기
2. 비주얼 아이데이션 전개	1. 아이디어 전개하기 2. 아이디어 스케치 전개하기 3. 비주얼 방향 전개하기
3. 비주얼 아이데이션 적용	1. 아이디어 적용하기 2. 아이디어 스케치 적용하기 3. 비주얼 방향 적용하기
4. 시안 디자인 개발 기초	1. 시안 개발계획 수립하기 2. 아트워크하기 3. 베리에이션하기
5. 시안 디자인 개발 응용	1. 시안 개발 응용하기 2. 아트워크 응용하기 3. 베리에이션 좁히기

7 시행처

- 한국산업인력공단
- 홈페이지 : http://www.q-net.or.kr
- 시험문의 : 1644-8000

01 실기시험 관련 기본정보

시험시간

2025년부터 적용되는 실기시험 시간은 총 3시간 정도라고 한국산업인력공단에서 발표했습니다. **불합격 이유의 다수는 '시간 부족'** 때문입니다. 따라서 우리는 시험시간을 3시간으로 가정하고 다소 여유 있게 실기시험을 완성(2시간 30분 정도)할 수 있도록 미리 연습하는 게 중요합니다. **시간을 줄일 수 있는 최선의 방법은 '실전과 같은 반복 연습'**입니다. 주어진 시간 안에 포토샵과 일러스트레이터를 활용하여 디자인 에셋과 도안을 만들고, 인디자인(Quark XPress 기능)에 옮겨 인쇄용 판본을 만들어야 합니다. 인쇄용이기 때문에 이론적으로는 CMYK로 작업하는 것이 맞습니다. 그러나 시험장의 프린터가 실제 인쇄소의 출력이 아니기 때문에 마지막에 RGB로 모드로 변경한 후 출력할 것을 추천합니다.

합격 기준

실기시험의 합격 기준은 100점 만점에 60점 이상입니다. 그러나 의외로 사소한 부분에서 감점이 크다는 사실을 염두에 두길 바랍니다. 3개 프로그램 중에서 **'일러스트레이터(Ai)에서 당락이 결정'**되는 경우가 가장 많습니다. 따라서 시험문제의 원안 요소를 빠트리면 실격이라고 생각해도 무방합니다. 다만, 매우 복잡한 부분에서 약간의 생략 기법(10% 이내)을 사용하는 것은 괜찮습니다. 그 다음은 **'포토샵의 패턴이나 필터 등의 다양한 효과'**가 중요합니다. 또한 인디자인의 마무리 작업에서 타이포 및 인쇄 편집, 그리고 글자의 선명도가 중요하기 때문에 이를 실전처럼 반복 훈련해야 합니다.

과제 제출

심사위원의 채점은 '최종 프린트된 완성물'로 보고 채점하는 것임을 알아두길 바랍니다. 때로는 어려운 문제가 나올 때도 있습니다. 이때 당황하지 말고 자신이 사용할 수 있는 모든 툴을 동원해서 비슷하게 완성하면 된다는 생각으로 마무리하길 바랍니다. 작은 부분에서 실수하는 것보다 전체적인 완성에 집중하는 것이 훨씬 유리합니다. **가장 좋은 방법은 이 책에 나오는 문제를 여러 번 반복하여 3시간 안에 실전처럼 완성하는 것**입니다.

USB 안에 들어갈 파일 용량은 10MB 이하라는 사실을 잊어서는 안 됩니다. 만약 이미지 해상도가 잘못되어서 프린트된 출력물의 이미지가 깨지면 큰 감점을 받게 됩니다. 따라서 작업 시작 전에 반드시 해상도를 확인한 후에 작업하는 습관을 가지시기를 바랍니다.

02 실기시험 단계별 꿀 Tip

작업 순서 : 일러스트 → 포토샵 → 인디자인 → 인쇄(출력) → 제출

① 일러스트에서 로고 등 필요 오브젝트 생성

　Rectangular Grid Tool 선택 및 작품 사이즈와 동일하게 3등분하고 대각선을 그려 그리드를 만들고 그 비율에 맞춰 필요한 로고 및 도형을 제작합니다.

② 포토샵에서 전체적인 조합 및 필터 적용 후, JPG 파일로 저장

　[Image] > [Mode] > [RGB Color] RGB 모드로 전환 후 Ctrl+S(Save as) 하는데, 이때 파일 이름은 자신의 비번호, JPEG 형식 (Quality : 12, Format option : Standard)으로 저장합니다.(제출용)

③ 인디자인에서 최종 편집 및 텍스트 작업 후 저장

　이미지 왼쪽 하단 재단선 끝선에 맞춰 비번호(등번호)를 입력하고(돋움, 10pt) '비번호(등번호).indd' 형식으로 저장합니다.

④ 시험장에 제공된 출력장치에서 출력하고 부착 후 제출

　시험장에서 지정된 출력 자리에서 indd 파일을 프린트 후 A3의 중앙에 붙여서 제출합니다.

규격 및 재단선

① 일러스트/포토샵 : 가로, 세로에 6mm(=3mm×2) 더한 사이즈

② 인디자인 : A4 사이즈(210mm×297mm)에서 6mm가 포함된 크기를 빼고, 여기에 나누기 2한 만큼의 각 상하좌우 여백 설정

　에 실제 작품 사이즈 = 260mm×180mm → 작업 규격 266mm×186mm

　[Magine] Top&Bottom = (297−266)÷2 = 15.5mm

　　　　　Left&right = (210−186)÷2 = 12mm

기본 설정 : Ctrl+N(새 문서 만들기)

① 일러스트레이터

　• Width : 실제 사이즈 + 6mm　　　　　• Height : 실제 사이즈 + 6mm

　• Unit : Millimiters　　　　　　　　　• Color Mode : CMYK

② 포토샵

　• Width : 작품 규격 + 6mm　　　　　• Height : 작품 규격 + 6mm

　• Resolution : 150~300pixels/inch　　• Color Mode : CMYK

③ 인디자인

　• Number of Pages : 1, Facing Pages : 체크 해제

　• Page Size : A4, Magine 'Make all settings the same : 해제

　　− A4 사이즈(210mm×297mm)에서 6mm가 포함된 크기를 빼고, 여기에 나누기 2한 만큼의 각 상하좌우 여백을 설정합니다.

서체

글자 입력 시 지정된 폰트가 없는 경우 세리프체, 산 세리프체 계열만 같도록 적용하면 됩니다. 정확한 글꼴을 적용했는가는 감점 대상이 아닙니다.

시험장별 프로그램 버전 확인하기

시험장소의 정보는 인터넷 원서 접수 시 장소 선택 후 '장소 안내' 버튼을 클릭하거나 전화로 문의하면 됩니다. 프로그램 버전이 예상과 다를 경우를 대비해야 하므로 반드시 개인별로 시험장소의 정보나 프로그램 버전을 미리 확인하시기 바랍니다. 버전별로 어떤 툴이 다른 지를 인터넷이나 유튜브를 통해 미리 확인한 후 실기시험장에 들어가면 좋습니다.

03 시험시간을 아껴주는 프로그램별 기본 단축키

불합격 이유의 대다수는 '시간 부족' 때문입니다. 시간을 줄일 수 있는 방법은 오직 실전과 같은 '반복 연습'이지만, 그 이외에 프로그램별 '단축키'를 사용하면 시간을 절약할 수 있습니다.

일러스트레이터 CC

기능	단축키	기능	단축키
Selection	V	Art board	Shift – O
Direct Selection	A	Hand	H
Pen	P	Zoom	Z
Add Anchor point	+	Swap Fill & Stroke	Shift – X
Delete Anchor point	–	Default Fill & Stroke	D
Convert Anchor point	Shift – C	To make copy	Alt
Type	T	To add to a Selection	Shift
Rectangle	M	Move Selection	Any arrow key
Ellipse	L	Move Selection 10 pts.	Shift – Any arrow key
Pencil	N	Lock selected artwork	Ctrl – 2
Rotate	R	Unlock all artwork	Ctrl – Alt – 2
Reflect	O	Hide selected artwork	Ctrl – 3
Scale	S	Hide all deselected artwork	Ctrl – Alt – Shift – 3
Warp	Shift – R	Show all artwork	Ctrl – Alt – 3
Free Transform	E	Zoom in tool	Ctrl – Space Bar
Gradient	G	Zoom out tool	Ctrl – Alt – Space Bar
Eyedropper	I	Zoom In to exact size	Ctrl – Space Bar – drag

포토샵 CC

기능	단축키	기능	단축키
Free Transform	Ctrl + T	Eyedropper tool	I
Deselect selections	Ctrl + D	Brush tool	B
Decrease brush size	[	Clone Stamp tool	S
Increase brush size	]	History Brush tool	Y
Undo last command	Ctrl + Z	Eraser tool	E
New layer(s) via copy	Ctrl + J	Gradient tool	G
Move tool	V	Pen tool	P
Marquee tool	M	Horizontal Type tool	T
Lasso tool	L		

인디자인 CC

기능	단축키	기능	단축키
Tool	▦	Free Transform tool	E
Selection tool	V, Esc	Eyedropper tool	I
Direct Selection tool	A	Hand tool	H
Page tool	Shift + P	Zoom tool	Z
Gap tool	U	Toggle Fill and Stroke	X
Pen tool	P	Apply No Color	/
Type tool	T	Frame Grid tool (horizontal)	Y
Line tool	\	Frame Grid tool (vertical)	Q
Rectangle Frame tool	F	Gradient Feather tool	Shift + G
Rectangle tool	M		

시험장에서 유의해야 할 10가지

01 미리미리 준비

수험표와 신분증, 시험에 필요한 도구(30cm 눈금자, 양면테이프, 칼 또는 가위, 빨간펜, 검정펜, 연필 등)을 미리 준비합니다.

02 배정받은 컴퓨터를 꼼꼼히 확인

시험장에 가면 비번호를 배정받고 그 자리에 앉게 되는데, 이때부터 자신이 사용할 컴퓨터를 점검할 수 있습니다. 수험자의 컴퓨터는 다수가 사용하는 공용 컴퓨터이기 때문에 변수가 많습니다. 크게 두 가지를 확인해야 합니다.

〈컴퓨터 하드웨어 확인〉

꼼꼼한 확인이 필요합니다. 컴퓨터에 따라서 속도가 매우 느린 경우, 문자(한글, 영문)가 정상적으로 입력되지 않는 경우, 키보드와 마우스 작동이 원활하지 않은 경우, 갑자기 재부팅되는 경우가 종종 있기 때문입니다. 만약 PC에 심각한 오류가 있다고 판단되면 감독관에게 문의하여 조치를 받아야 합니다. 컴퓨터에 특별한 이상이 없다면 [C:\WINDOWS\TEMP*.*]에 들어 있는 파일들을 삭제하거나, 드라이브 C:에서 '디스크 정리'로 불필요한 파일을 삭제하여 디스크 공간을 확보합니다. 일반적으로 하드디스크의 공간은 최소 300MB 이상 확보하는 게 좋습니다.

〈소프트웨어 확인〉

시험장에서 자신이 사용해야 할 3가지 소프트웨어, 즉 포토샵, 일러스트레이터, 인디자인(쿽 익스프레스)을 실행하고, 이미지와 텍스트 입력 등을 가볍게 테스트 해봅니다. 특히 소프트웨어의 한글 버전과 영문 버전은 시험을 보는 내내 혼동을 줄 수 있기 때문에 이에 대비해야 합니다.

03 소프트웨어를 하나씩 실행

디스크 정리를 통해 디스크 공간을 확보해도 시험장 컴퓨터의 속도는 장담할 수 없습니다. 따라서 여러 개의 프로그램을 동시에 실행하면서 시험을 치르면 위험합니다. 저장 속도가 급격히 저하되거나 컴퓨터가 갑자기 다운되는 경우도 종종 발생하기 때문입니다. 따라서 소프트웨어를 한꺼번에 켜지 말고, 하나씩만 실행하면서 시험을 치르는 게 안전합니다.

04 자신에게 맞는 컴퓨터 환경 설정

시험장 내의 PC는 평소 자신이 사용하는 컴퓨터 환경과 다를 수밖에 없습니다. 수험자의 습관에 따라서 시험을 보는 내내 불편을 초래할 수 있기 때문에 자신에게 맞는 환경 설정, 즉 모니터 해상도, 소프트웨어 아이콘 배열 등의 환경을 설정해 두는 게 좋습니다.

05 철저한 3시간 계획 세우기

시험 시간이 부족하다고 3시간 계획을 세우지 않고 작업을 시작하면, 더 늦거나 불합격할 가능성이 높아집니다. 예를 들어 A 시험 유형은 일러스트레이터에 많은 시간을 할애해야 하고, B 시험 유형은 포토샵에 많은 시간을 할애해야 하는데, 큰 계획을 세우지 않고 시험을 치르다보니 자신도 모르는 사이에 작은 것에 집중하게 되고, 시간이 흘러가서 더 큰 것을 잃게 된다는 뜻입니다. 즉, 소프트웨어별로 3시간 계획을 철저하게 세우는 것이 합격의 지름길입니다.

06 그리드를 그리고, 디자인 원고를 꼼꼼히 분석

디자인 원고의 이미지, 사진, 글자, 규격 등이 결과물과 일치하기 위해서는 그리드를 그려 레이아웃을 체크하고, 원고 내의 지시내용을 꼼꼼히 확인하는 길밖에 없습니다.

07 손 들고 문의

컴퓨터 또는 프로그램에 문제가 발생했을 때, 시험지시서와 디자인 원고가 이해되지 않을 때 긴장해서 그냥 넘어가는 경우가 종종 있습니다. 그러나 문제가 있다고 판단될 때, 도움이 필요할 때는 과감하게 손을 들어 감독관에게 문의해야 합니다.

08 수시로 저장하는 습관

"세 살 버릇 여든까지 간다."라는 속담처럼 습관은 고치기 어렵습니다. 실기시험에서 가장 중요한 습관은 'save'입니다. 시험장의 PC가 갑자기 꺼져버려서 파일이 삭제되는 경우가 종종 발생하기 때문입니다. 시험을 치르는 동안 10분 간격으로 계속 저장하면서 작업하는 습관을 들여야 합니다.

〈일러스트레이터〉

작업물을 AI 또는 EPS 파일로 저장합니다. 포토샵에 *.AI 또는 *.EPS 파일 모두를 불러올 수 있습니다. 저장할 때는 파일의 에러 등을 고려하여 8.0 이하 버전으로 저장합니다.

〈포토샵〉

포토샵에서는 두 개의 파일로 저장합니다. 먼저 모든 작업을 수시로 저장할 수 있는 *.PSD 파일로 작업용 파일을 저장하고, 최종 작업이 완료되면 Save As를 실행하여 JPG(일반 PC), PICT(매킨토시) 파일로 저장합니다. 참고로 실무 작업에서는 EPS 또는 TIFF 파일로 저장합니다. 이 파일들은 무손실 압축방식이라서 많은 용량을 차지합니다.

〈인디자인〉

인디자인은 포토샵에서 작업한 JPG 파일을 불러와서 작업한 후, *.indd 파일로 저장합니다.

〈쿽 익스프레스〉

쿽 익스프레스는 PICT 파일을 불러와서 작업한 후, *.qxd 파일로 저장합니다.

09 지시문을 끝까지 확인하고, 30분 이전에 마무리

시험지시서에 명시되어 있는 수많은 지시 내용을 이행하다 보면 오타가 나거나 몇 개를 빠트리는 경우가 발생합니다. 이와 같은 실수는 불합격의 요인이 되므로, 수험자는 늦어도 2시간 반 이전에 결과물을 완성해야 합니다. 남은 반시간 이상을 지시문의 내용과 결과물을 하나씩 확인하고 맞추는 작업이 필요합니다. 확인을 오래, 정확하게 할수록 실수를 줄여 합격률을 높일 수 있기 때문입니다.

10 마지막까지 방심은 금물

완성된 디자인은 반드시 편집 프로그램(인디자인 or 쿽 익스프레스)에서 출력해야 합니다. 간혹 시험시간이 부족해서 포토샵이나 JPG 파일로 출력하는 경우가 있는데, 이는 무조건 불합격 처리됩니다.
재단선과 비번호(등번호) 역시 표시하지 않으면 불합격 처리되므로 반드시 표시해야 합니다. 최종 파일 용량 역시 10MB 용량이 넘지 않도록 주의해야 합니다(10MB를 넘어가면 실격 처리 됩니다). 마지막 파일 제출 시 감독관에게 넘겨준 폴더나 usb는 다시 수정이 불가하니 최종 파일 여부를 반드시 확인해야 하고, 최종 출력한 A4 용지에 땀이 묻거나 손상이 가지 않도록 각별한 주의를 기울여야 합니다.

PART
01

실기시험 준비하기

컴퓨터그래픽기능사의 이해

01 '컴퓨터그래픽기능사'는 어떤 자격증인가요?

컴퓨터그래픽기능사는 1997년 6월 한국산업인력공단에서 디자인 관련 컴퓨터 응용 프로그램을 운용하는 전문 기능인 양성을 목적으로 신설한 국가기술자격의 기능사입니다. 자격 개요와 주요 업무는 아래와 같습니다.

01 | 자격 개요

- 출판 및 편집, 패션, 방송, 영화 등 영상매체, PDA, 핸드폰 등 전자기기, 광고, 캐릭터 디자인 등 다양한 분야에서 이용되고 있는 컴퓨터그래픽(Computer Graphic)은 디자인과 색의 감각적 요소를 컴퓨터를 활용해 논리적인 디지털 정보로 표현하는 것으로, 동영상, 2D, 3D, 애니메이션 등의 기본, 기초가 되는 자격증입니다.
- 최근 통신기기, 전자제품, 건축물, 자동차 등 산업 전반의 디자인 분야에 컴퓨터그래픽이 광범위하게 활용되고 있습니다. 특히 교육업계에서도 컴퓨터그래픽을 활용한 교육과정들이 등장하고 있으며, 건설, 영화 · 방송, 애니메이션, 광고 및 각종 제조업 등 다양한 분야에 활용되고 있습니다.
- 컴퓨터그래픽 기술이 발전하고, 컴퓨터그래픽 관련 소프트웨어가 빠르고 다양하게 개발되고 있으며, 활용되는 특정 산업들이 세분화되면서 한층 더 경쟁력 있는 그래픽, 배경, 캐릭터, 아이템 등이 요구됨에 따라 숙련 기능인력을 양성하기 위해 컴퓨터그래픽기능사 자격제도가 제 · 개정되었습니다.

02 | 주요 업무

- 컴퓨터그래픽기능사는 사람이 표현할 수 없는 형상이나 그림을 컴퓨터라는 매체를 통해 다양한 기능과 기술적인 요소를 가미하여 시각적으로 형상화시키고, 채색하며, 조형을 제작하는 업무를 수행합니다.
- 구체적으로 고객이나 업무 관계자로부터 전체적인 디자인 콘셉트(Concept)를 파악한 후, 포토샵, 일러스트레이터, 페인터 등 디자인 관련 컴퓨터 프로그램을 활용하여 전체적인 구도(레이아웃)와 색채, 글씨의 서체와 크기를 선택하여 디자인하고 시안을 작성한 후, 고객 등과 협의하여 디자인을 수정하거나 보완합니다.

02 이 자격증의 전망과 우대사항은 어떻게 되나요?

01 | 취업

웹, 애니메이션, 게임 개발업체, 패션이나 출판업체, 방송이나 영화 등 영상 제작업체, 광고 제작업체, 방송사, 프로덕션, 프레젠테이션 제작업체 등 다양한 분야로 진출이 가능합니다.

02 | 우대

국가기술자격법에 의해 공공기관 및 일반기업 채용 시 그리고 보수, 승진, 전보, 신분보장 등에 있어서 우대받을 수 있습니다.

03 | 가산점

- 6급 이하 및 기술직공무원 채용시험 시 시설직렬의 디자인 직류에서 3% 가산점을 줍니다. 다만, 가산 특전은 매 과목 4할 이상 득점자에게만, 필기시험 시행 전일까지 취득한 자격증에 한합니다.
- 한국산업인력공단 일반직 5급 채용 시 컴퓨터그래픽기능사는 필기시험 만점의 3%를 가산합니다. 한국산업인력공단은 공단이 발행하는 모든 종목의 자격증에 대하여 혜택을 부여하고 있습니다.

04 | 자격부여

컴퓨터그래픽기능사 자격을 취득하면, 옥외광고물 등 관리법에 의한 옥외광고업 등록을 위한 기술인력으로 활동할 수 있습니다.

03 한국산업인력공단의 출제 기준이 어떻게 되나요?

한국산업인력공단이 발표한 자료에 따르면 디자인에 관한 기초지식을 가지고 컴퓨터그래픽 프로그램을 활용하여 광고, 편집, 포장디자인 등의 시각디자인 관련 원고 지시에 의해 그래픽디자인 작업을 하는 직무입니다. 시험의 출제 기준 항목은 시안 디자인 개발기초와 디자인 제작 관리로 구분됩니다.

01 | 시안 디자인 개발기초 및 제작 관리

- 디자인 소프트웨어를 활용한 이미지 구현을 목적으로 하는 시험이며 디자인 콘셉트와 비주얼을 기반으로 타이포그래피를 사용할 수 있어야 합니다. 또한 인쇄 제작을 고려하여 CMYK 4원색과 별색을 구분 및 사용할 수 있어야 하며, 매체와 재료의 특성에 따라 적합한 색상을 구현할 수 있어야 합니다.
- 확정된 최종 디자인을 제작용 데이터로 변환할 수 있고, 디자인 오류 발견 시 교정본을 확인하여 색, 오타, 이미지 등 데이터 수정 작업을 할 수 있어야 합니다.

02 | 4단계의 과제 범위

- 일러스트레이터 : 로고, 심볼, 캐릭터 등의 요소작업
- 이미지 프로세싱 : 페인팅, 합성, 리터칭, 보정 등의 요소작업
- 편집디자인 : 문자와 이미지의 편집, 재단선 등의 요소작업
- 저장과 출력 : 작업범위(용량), 파일의 관리 및 저장과 출력

04 실기 시험에서 실격 처리되는 주요 원인은 무엇인가요?

- 최종 결과물이 미완성이라고 판단되는 경우(채점위원이 판단)
- 제한 시간을 초과한 경우(시험시간 3시간을 초과하면 자동 탈락)
- 결과물이 요구사항과 많이 다른 경우(채점위원이 판단)
- 수험자 미숙으로 USB에 저장 또는 출력을 잘못하였을 경우(파일제작을 완료했어도 출력을 못하면 실격)
- 10MB 용량이 초과되었을 경우
- 카피된 파일이 있을 경우(감독관 또는 채점위원이 판단)
- 기타 부정 행위 또는 감독관의 지시를 어길 경우(감독관이 판단)

05 실기시험의 채점 방식은 어떻게 되나요?

100점을 만점 기준으로 60점 이상 득점자를 합격자로 결정하며, 채점진행 절차는 [채점기술회의] 〉 [채점 (1단계)] 〉 [초검(2단계) : 오류채점 정정] 〉 [재검(3단계)] 〉 [득점 전산입력] 〉 [인적사항 전산입력] 〉 [전산채점표(판정표)를 발행]의 순서로 진행됩니다. 채점은 디자인 원고의 채점과 프로그램별 채점 기준이 있습니다.

01 | 디자인 원고의 채점 방식

• **전체적인 디자인 능력** : 심사위원이 결과물을 보았을 때 크게 잘못된 부분이 있는지, 전체적으로 무난하게 완성되었는지를 채점합니다.
• **세부적인 디자인 능력** : 레이아웃, 색채, 형태, 레터링, 문자 · 그림 요소, 폰트와 크기, 오타 등 부분적인 실수가 있었는지를 채점합니다.
• **마무리 완성도 능력** : 여백, 재단선, 마운트, 출력 상태 등의 깔끔한 마무리를 채점합니다.

02 | 프로그램별 채점 기준

• **일러스트레이터** : 심볼, 로고, 캐릭터, 도형, 패턴 등의 요소작업이 정확히 표현되었는지 채점합니다.
• **포토샵** : 이미지 처리와 합성, 페인팅, 리터칭, 보정 등의 요소작업이 정확히 표현되었는지 채점합니다.
• **인디자인 or 쿽 익스프레스** : 문자와 이미지의 오타 여부와 표, 재단선 등의 요소작업이 정확히 표현되었는지 채점합니다.

시험 대비 유의사항

01 실기시험장에 가져가야 할 준비물은 무엇인가요?

수험표, 신분증은 반드시 지참해야 하고, 수험자의 사전 연습에 따라서 수성 사인펜(빨간펜, 검정펜), 30cm 눈금자, 칼 또는 가위, 양면테이프 등을 준비합니다. 시험장마다 다르지만 양면테이프 등을 제공하는 곳도 있습니다.

- **수험표** : 수험표를 가져오지 않았거나 잃어버렸을 경우 고사장 별 시험센터로 문의해서 임시수험표를 교부받아야 합니다.
- **신분증** : 신분증 분실자 및 미발급자는 본인임을 증명할 수 있는 증명서(학생증, 운전 면허증, 공공기관에서 발행한 사진이 부착된 신분증)를 필히 지참해야 합니다.
- **필기 도구(빨간펜, 검정펜, 연필)** : 빨간펜은 그리드 그릴 때 유용하고, 검정펜은 수험번호나 개인 번호를 쓰는 데 사용합니다.
- **30cm 눈금자** : 디자인 원고의 치수를 정확히 컴퓨터상으로 옮기기 위해 필요한 도구입니다.
- **마운팅 도구(칼 또는 가위, 양면테이프)** : 출력된 A4 인쇄물을 배부되는 8절 켄트지에 마운팅(부착)하기 위해 필요한 도구입니다.

02 실기시험장에서 수험생들에게 제공되는 것에는 무엇이 있나요?

일반적으로 시험지시서, 디자인 원고, 참고자료(이미지), A4 출력용지, 8절 켄트지(272mm×394mm) 이렇게 5가지가 제공됩니다.

- **시험지시서** : 실기시험 전반에 걸친 요구사항, 유의사항 등이 기재되어 있습니다.
- **디자인 원고** : 실제작업의 완성물이며 각 항목별 지시사항이 기입되어 있습니다.
- **참고자료(이미지)** : 컴퓨터 하드 내에 해당 시험의 참고 이미지가 수록되어 있습니다.
- **A4 출력용지** : 잉크젯 출력 시에 1인에 1~2매 제공됩니다.
- **8절 켄트지(272mm×394mm)** : 수험자의 결과물인 A4 출력물을 마운팅할 때 사용합니다.

03 시험장마다 소프트웨어 버전이 다르다고 들었습니다. 가장 많이 사용하는 버전은 뭐고, 어떻게 준비를 해야 하나요?

시험장마다, 컴퓨터마다 다릅니다. 시험장에 가장 많이 설치되어 있는 소프트웨어 버전은 아래와 같습니다.

구분	일반 PC
드로잉 S/W	Illustrator CS6
이미지 S/W	Photoshop CS6
편집 S/W	InDesign CS6

실기시험장마다 S/W 버전과 영문판, 한글판 등이 다르기 때문에 시험 전에 시험장 컴퓨터의 버전을 문의하고 사전에 대비하는 게 좋습니다. 시험장 확인은 인터넷 원서접수 시 장소선택 후 '장소 안내' 버튼을 클릭하거나 전화로 문의하면 됩니다. 그러나 한 가지 버전만 제대로 알고 있다면, 다른 버전으로 시험을 봐도 합격하는 데에 큰 지장은 없습니다.

04 시험 시작 전에 컴퓨터는 무엇을 점검합니까?

시험장에 들어가면 자신이 3시간 동안 사용해야 할 컴퓨터를 처음 접하게 됩니다. 점검할 수 있는 시간은 대략 30여분 정도 되는데 크게 두 가지 점검이 필요합니다.

01 | 컴퓨터 하드웨어와 주변기기 이상여부 점검

자신이 사용할 컴퓨터가 잘 실행되는지 마우스와 키보드는 제대로 작동하는지 한글, 영문 문자 입력은 잘 되는지 특이한 문제점은 없는지 등을 살펴봐야 합니다. 만약 심각한 이상이 있다면 감독관에게 문의하여 조치를 받습니다.

큰 문제가 없다면 윈도우 탐색기를 열고 드라이브 C:에서 '디스크 정리' 클릭으로 불필요한 파일을 삭제하거나 [C:₩WINDOWS₩TEMP₩*.*]에 들어 있는 파일들을 삭제하여 디스크 공간을 확보해야 합니다. 이곳에 용량이 큰 임시 파일이 지워지지 않고 남아있으면 수시로 다운되거나 저장이 안 되거나 저장이 되더라도 오랜 시간이 걸릴 가능성이 높아지기 때문입니다. 특히 그래픽 소프트웨어는 한 번 로딩되면 사용하고 남은 찌꺼기(램의 기억 공간 및 임시파일)가 반환되지 않기 때문에 디스크 정리를 해주는 게 좋습니다.

02 | 소프트웨어 이상여부 점검과 환경설정

컴퓨터그래픽기능사의 주요 소프트웨어인 일러스트레이터, 포토샵, 인디자인(쿽 익스프레스)의 버전을 확인하고 간단한 테스트를 해봅니다. 두 세 개의 소프트웨어를 동시에 켜 보고 이상이 없는지, 속도는 괜찮은지, 시간적인 여유가 있다면 간단한 이미지를 불러와서 그 위에 간단한 텍스트를 써 보면서 컴퓨터의 성능을 확인해 봅니다.

그리고 자신에 맞는 모니터 해상도 설정, 소프트웨어 아이콘 배열, 바탕화면에 비번호 폴더 배열 등 자신에게 편리한 환경설정을 합니다.

05 컴퓨터 점검을 했는데, 시험 도중에 문제가 발생하면 어떻게 대비하죠?

시험 도중에 컴퓨터가 자주 꺼지거나 속도가 지나치게 느려지면 수험자는 당황할 것입니다. 하지만 수험자는 이럴 때일수록 침착해야 합니다. 일단 저장(save)을 수시로 해야 합니다. 그리고 시간이 아깝더라도 재부팅을 해야 할 수도 있습니다. 이때 Warm Booting을 하지 말고 완전히 컴퓨터의 전원을 껐다가 약 5초 후에 다시 스위치를 켜는 Cold Booting을 시켜서 시스템의 레지스트리(램-주기억장치의 기억장소)를 완벽하게 초기화시켜주면 컴퓨터의 느린 속도를 어느 정도 해소할 수 있습니다. 그래도 심각한 문제가 있다면 감독관에게 문의하여 조치를 받아야 합니다.

06 부정방지 프로그램을 사용한다고 하는데 그게 뭐죠?

시험 시작 전 감독관의 지시에 따라 바탕화면에 부정방지시스템 프로그램을 실행하면 시험 날짜와 시작 시각, 종료 시각을 차례로 기입합니다. 그리고 9시 경에 확인 버튼을 누르면 실기시험이 자동으로 시작되고, 시험 종료 후에는 컴퓨터를 사용할 수 없도록 자동 차단됩니다. 때문에 3시간 안에 USB 저장과 전송시간까지 고려해서 작업해야 합니다. 부정행위가 적발되면 그 자리에서 시험자격을 박탈당하는 것은 물론, 3년 동안 국가자격증시험 응시까지 못하게 됩니다.

07 시험장의 진행순서를 일목요연하게 요약할 수 있을까요?

01 | 시험장 입실

시험 시작 30분 전에 시험장에 입실하면 출석을 부릅니다. 이때 수험표와 신분증을 확인하고 감독관에게 비(등)번호와 자리를 배정받습니다.

02 | 자리 배정 및 컴퓨터, 소프트웨어 점검

- 배정받은 자리에 앉아 컴퓨터와 주변기기, 소프트웨어와 버전을 확인합니다.
- 시험 감독관이 안내사항(전송방법, 저장 폴더, 최대 용량 등)을 전달합니다.
- 저장 폴더는 본인의 비(등)번호와 이름으로 된 폴더가 자동 생성됩니다.
- 자신의 컴퓨터에 큰 이상이 없으면 C: 드라이브의 디스크 공간을 확보하고 모니터 해상도 등 적합한 환경을 설정합니다.

03 | 시험지시서와 디자인 원고 배부

- 9시가 되면 작품규격, 안내사항이 적힌 시험지시서 1장을 먼저 배부 받습니다.
- 위 설명이 끝나면 최종 완성해야 할 디자인 원고를 받습니다.

04 | 그리드 작업

디자인 원고 위에 필기구(빨간펜)와 30cm 눈금자를 이용하여 4×4 격자를 그려줍니다.

05 | 3시간 계획 수립

- 디자인 원고를 보면서 어떤 작업을 먼저 할 것인가, 어떤 작업이 가장 고비인가를 생각해 봅니다. 즉, 시험의 난이도에 맞는 프로그램별 작업 시간 분배가 중요합니다.
- 세부적으로는 디자인 원고의 작품 규격, 재단선 형태, 색상, 서체, 효과 등의 요구사항을 체크, 분석하면서 일러스트레이터와 포토샵의 시간 계획을 수립합니다.

06 | 파일명 설정

파일과 이미지 이름이 중복되지 않도록 계획합니다. 작업 파일은 해당 폴더 안에 각각 저장합니다.

07 | 일러스트레이터 작업 및 저장

- 디자인 원고를 보면서 심볼 마크, 로고, 문양, 패턴 등을 작업합니다. 일러스트레이터 작업은 대부분 Pen Tool을 이용한 작업이며 패스를 이용한 문제도 자주 출제됩니다.
- 일러스트레이터 작업을 할 때는 300% 이상 확대, 또는 100% 축소를 반복하면서 작업하는 것이 효율적입니다. 일러스트를 완성한 후에는 디자인 원고 그리드의 위치와 크기를 보면서 1:1 사이즈로 배치합니다.
- 일러스트레이터 버전의 오류를 막기 위하여 8.0 이하 포맷으로 저장하는데 일반 PC 수험자는 포토샵으로 가져가기 위해 *.ai로 저장하고, 매킨토시 수험자는 쿽 익스프레스에서 바로 작업을 하기 위해서 *.eps 파일로 저장해야 합니다.

08 | 포토샵 작업 및 저장

- 포토샵을 실행하고, 새로운 작업창의 설정 값을 지정하고 작업창을 만듭니다.
- 시험 대부분이 재단선은 3mm 재단여유를 두고 용도에 맞게 표시하라고 나옵니다. 따라서 원고규격에 가로 세로 6mm를 추가해서 제작합니다. 간혹 재단선을 이미지에 맞게 표시하라고 나오는데 이때는 작품규격대로 제작하면 됩니다.
- 컬러모드는 CMYK로 지정하고, 해상도는 100dpi 정도로 지정합니다.
- 일러스트레이터에서 작업한 파일을 불러와 디자인 원고의 지시사항과 일치하게 작업합니다.
- 디자인 원고에서 요구하는 합성, 효과, 입체 등의 표현은 정확하게 표현합니다.
- 작업 파일을 *.psd로 저장하며 작업 도중에도 수시로 저장합니다.

09 | 사본(jpg, pict) 저장

- 포토샵에서 작업이 완료되면 인디자인, 쿽 익스프레스로 가져가기 위하여 [Image(이미지)] 〉 [Mode(모드)] 〉 [RGB Color(RGB색상)]를 선택하여 [Don't Flatten(배경으로 병합 안함)] 버튼을 클릭하고 *.jpg나 *.pict로 저장합니다.
- 일반 PC : [File(파일)] 〉 [Save As(다른 이름으로 저장)]를 선택하여 파일이름은 자신의 비(등)번호, JPEG 형식을 선택한 후 [저장] 버튼을 클릭합니다. 그 다음 Quality(품질)를 12, Format Option(형식 옵션)은 Baseline("Standard")(기본(표준))으로 저장합니다.
- 매킨토시 : [File(파일)] 〉 [Save As(다른 이름으로 저장)]를 선택하여 파일이름은 자신의 비(등)번호, PICT형식을 선택한 후 [저장] 버튼을 클릭합니다. 그 다음 Resolution(해상도)은 16bits/pixel로 저장합니다.
- 폴더의 용량을 확인합니다.

10 | 편집 S/W(인디자인 or 쿽 익스프레스) 작업

- 인디자인과 쿽 익스프레스에서 새로운 작업창을 만듭니다.
- 반드시 A4의 규격으로 설정하고, 디자인 원고의 가로/세로 형태를 일치시킵니다.
- 작업창을 설정할 때 A4의 크기에서 작품규격을 뺀 여백을 2등분하여 각각의 여백으로 지정합니다.

11 | 안내선과 재단선 표시

- 사본 파일을 불러와 배치하고, 재단선과 이미지의 위치를 정확하게 하기 위해 상하좌우로 3mm를 뺀 작품규격 크기의 안내선을 만듭니다.
- 재단선은 커팅을 할 때 사용하는데 안쪽 안내선으로 표시된 상하좌우 네 개의 모서리부분에 5mm의 재단선을 표시합니다.

12 | 이미지를 불러온 후 비(등)번호 입력

- 포토샵에서 작업한 이미지를 편집 프로그램으로 불러와서 규격에 맞게 배치합니다.
- 이미지는 A4 정중앙에 위치시켜야 하며, 확대/축소를 하지 않고 100%로 보아야 합니다.
- 인디자인에서는 이미지를 선명하게 보려면 마우스 오른쪽을 클릭한 후 [Display Performance(화면표시성능)] 〉 [High Quality Display(고품질표시)]를 선택합니다.
- 퀵 익스프레스에서는 그림상자를 만든 후, 편집 툴 상태에서 이미지를 불러와야 합니다. 퀵 익스프레스에서 일러스트레이터 파일을 직접 불러들일 경우에는 다시 그림상자를 만들어서 일러스트레이터 파일을 불러옵니다.
- 비(등)번호는 돋움체, 10pt 크기로 입력하고, 재단선 끝선에 맞추어 배치합니다.

13 | 편집 소프트웨어 저장

최종 작업이 완성되었으면 결과물의 전체와 부분을 여러 번 확인한 후에 저장합니다.

- 인디자인 : *.indd
- 퀵 익스프레스 : *.qxd

14 | 전송 (또는 USB 제출)

- 모든 작업이 마무리되면 파일을 꼼꼼히 확인합니다.
- 편집 프로그램에서 작업한 결과물과 완성 이미지(PC-*.jpg, 매킨토시-*.pct) 파일이 제대로 들어있는지 확인합니다.
- 폴더 용량이 10MB를 초과하지 않았는지 확인해 봅니다.
- 모든 확인이 끝났다면, 전송 버튼을 눌러 로컬 컴퓨터로 전송합니다(시험장에 따라서 USB에 저장하여 제출하는 경우도 있습니다). 일단 완성물을 제출하면 시험이 종료되고, 출력한 후에는 재수정을 할 수 없으니 여러 번 확인을 하시기 바랍니다.
- 전송이 완료되면 감독관이 호명을 해줍니다.

15 | 출력

- 출력은 출력지정 자리에서 출력 파일을 열고 프린트합니다.
- 프린트 항목에서 용지 방향이 가로인지 세로인지, 색상모드, 360dpi, A4 사이즈가 맞는지 확인한 후 출력합니다.
- 감독관의 지시에 따라 직접 출력합니다.
- 출력은 1인당 1회로 규정되어 있지만 프린터의 오류, 에러 등에 따라서 재지급이 가능하므로 이상이 있으면 감독관에게 문의하여 불이익을 당하지 않도록 합니다.

16 | 마운팅(부착) 작업

- 프린트된 A4 용지를 제대로 출력되었는지 확인하고 양면테이프를 이용해서 시험장에서 제공하는 8절 켄트지의 한 가운데에 붙입니다.
- 좌측 상단 표제 고무인에 인적사항[성명, 수험번호 또는 비(등)번호]을 기재합니다.
- 출력물은 잉크젯으로 금방 번질 수 있으므로 시험장에서 흘리는 땀이나 이물질에 손상되지 않도록 각별히 주의해야 합니다.

17 | 최종 제출

- 감독관에게 마운팅한 결과물을 제출합니다.
- 시험장에서 배부받은 모든 자료(시험지시서, 디자인 원고 등)를 제출하면 시험이 종료됩니다.

18 | 퇴실

자신의 컴퓨터에 남아있는 모든 작업 파일을 삭제한 후 퇴실합니다.

08 시험지시서와 디자인 원고 분석은?

시험지시서는 실기시험 전반에 걸친 요구사항, 유의사항 등이 기재되어 있습니다.
디자인 원고는 실제작업의 완성물이며 각 항목별 지시사항이 기입되어 있습니다. 시험지시서와 디자인 원고의 분석은 다음과 같습니다.

01 | 규격부분

작업물의 크기(사이즈)가 틀리면 시험을 아무리 잘 봐도 불합격되기 때문에 신중해야 합니다. 시험지시서에 제시된 크기를 정확히 확인한 후, 재단선까지 고려하여 실제 작업사이즈를 확인해야 합니다.

02 | 이미지부분

이미지가 잘 안보이거나 이해가 되지 않을 경우에는 감독관에게 문의하기 바랍니다. 감독관은 색상의 원본을 가지고 있기 때문입니다.

03 | 색상부분

색상부분도 중요한 요소입니다. 색상의 규정은 대부분 CMYK로 기재되어 있습니다. 예를 들어 "문양을 보기와 같이 그린 후 C100 Y50을 적용하시오." 등으로 나옵니다. 각 프로그램에서 CMYK로 바로 수치 대입을 하면 됩니다. 그러나 지시사항이 색상으로 나올 때도 있습니다. 색명에 따른 규정(C : Cyan, M : Ma-genta, Y : Yellow, K : Black)은 다음과 같습니다. 아래의 사항을 미리 연습해 두는 게 좋습니다.

- 적색 또는 빨강 : M100 Y100
- 청색 또는 파랑 : C100 M70
- 황색 또는 노랑 : Y100 M20
- 녹색 : C100 Y100
- 남색 : C100 M90
- 보라색 : M100 C50
- 회색 : K50

04 | 서체부분

서체의 형태는 하드웨어에 설치된 서체를 기준으로 합니다. 하지만 시험에 나온 서체가 하드웨어에 없을 경우는 비슷한 서체로 대체해서 사용해야 합니다. 즉, 고딕체일 경우는 비슷한 돋움체로 쓰면 됩니다. 디자인 원고에 기재된 서체가 없을 경우 다음과 같은 서체로 대체하기 바랍니다.

- 명조 : 일반 PC – 바탕체
          매킨토시 – 애플 명조, 트루타입인 #명조
- 고딕 : 일반 PC – 돋움체
          매킨토시 – 애플 고딕, 트루타입인 #고딕
- 둥근 고딕체 : 일반 PC – 굴림체
              매킨토시 – 디나루체
- 영문 서체 : 고딕계열 – Arial, Helvetica
            명조계열 – Times
- 한문 : 기본 폰트(명조, 고딕)
  ※ # : 한컴체, @체 : 산돌체, HY체 : 한영체

05 | 재단선 부분

디자인 원고에 "재단선을 그리시오."라고 나오면 반드시 재단선을 그려줘야 합니다. 신중하게 지시문을 읽고 그대로 따르는 것이 합격의 지름길입니다.

06 | 디자인 원고의 구성

- 작품번호 : 해당 시험의 작품번호
- 작품규격 : 작품의 실제 크기(단위 : mm)
- 재단선 표시 : 재단선의 표시사항
- 일러스트레이터 : 로고, 심볼, 문양과 패턴(보이지 않을 경우 별첨으로 나타냄)

- 이미지 처리 작업 : 필터, 합성, 효과
- 색상규정 : CMYK Color
- 서체규정 : 명조체, 고딕체로 구분(디자인 원고의 서체형식을 참고)

실기시험에서 시험지시서와 디자인 원고는 기본적으로 제공되는 프린트물로서 시험이 끝나면 모두 반납하고 퇴장해야 합니다.

09 시간도 촉박한데 그리드 안 그리고 시작하면 안되나요?

실기시험에서 주요 감점요인 중 하나가 레이아웃입니다. 합격은 결과물이 디자인 원고와 얼마나 비슷하냐인데 레이아웃이 틀어져 보이면 완성도가 크게 떨어져 보이게 됩니다. 그러나 주어진 시간 안에 완성해야 하므로 몇 개의 부분을 잘하는 것보다 전체적인 레이아웃을 비슷하게 하는 것이 더 중요합니다. 그러므로 그리드를 그리고 시작하는 것이 합격의 지름길입니다.

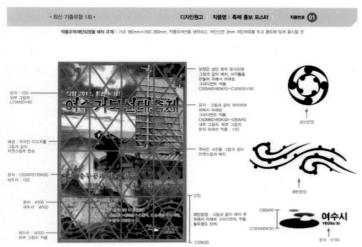

그리드는 디자인 원고에 잘 보이도록 빨간펜으로 가로 4×세로 4=16등분을 그리고, 대각선을 그려서 일러스트레이터와 포토샵에서 일치 여부를 자주 확인합니다.

▲ 일러스트레이터

⑩ 효과적인 시간 배분 방법이 있나요?

시험시간은 총 3시간(예정)인데 일반적으로 시험시간이 부족하다는 견해가 많습니다. 초보자일수록 시간이 부족하기 때문에 효과적인 시간 배분이 매우 중요합니다.

시험 시작 30분 전에 입실하면 비(등)번호의 배정받은 자리에 앉게 되는데, 이때부터 배정받은 컴퓨터의 프로그램과 버전을 확인할 수 있습니다. 이 시간은 시험시간에 포함되지 않으므로 PC 점검과 환경설정에 시간을 할애하는 것이 좋습니다. 정식적인 시험 시작은 부정방지 프로그램이 작동 후부터 계산됩니다. 시험시간의 배분은 시험 유형에 따라 다르지만, 평균적인 시간 배분은 다음과 같습니다.

01 | 시험지시서 및 디자인 원고 파악 : 10분

작품규격에 따른 실제 사이즈 파악, 원고비율계산, 위치파악, 확인 작업 등 각 지시사항과 항목을 세밀하게 파악합니다.

02 | 일러스트레이터 작업 : 10분~90분

일러스트레이터가 변수입니다. 심벌, 로고, 문양과 패턴 라인 등의 복잡한 그래픽 작업 때문에 시간이 초과하는 경우가 많기 때문입니다. 따라서 모양이 복잡할수록 경험에 의한 적절한 시간 안배가 중요합니다(*.ai로 저장).

03 | 포토샵 작업 : 90분~150분

디자인 원고 지시사항의 이미지 처리 작업(합성 및 효과)량이 많기 때문에 여기에서 작업시간을 아껴야 합니다(예 단축키 사용). 일러스트레이터 파일을 불러와서(Open 또는 Place 두 가지 방법) 디자인을 완성하고 완성물을 IBM 호환용(일반 PC) 사용자는 *.jpg, 매킨토시 사용자는 *.pct 파일로 저장합니다.

04 | 인디자인 or 퀵 익스프레스 작업 : 150분~160분

완성 이미지(PC-*.jpg, 매킨토시-*.pct) 파일을 넣고, 재단선을 그리고 비(등)번호를 입력한 후 저장하는 마무리 작업입니다. 편집 프로그램의 확장자는 인디자인 *.indd, 퀵 익스프레스 *.qxd입니다.

05 | 저장 및 출력 : 160분~180분

파일저장, 제출, 출력, 마운팅(부착) 등 마무리 과정입니다. 종료시간 30분 전까지 작업 모두 마치고 시험지시서와 디자인 원고의 지시사항을 다시 한 번 확인한 후 편집프로그램에서 작업한 결과물과 완성 이미지(PC-*.jpg, 매킨토시-*.pct) 파일을 감독관에게 제출(USB 제출하거나 로컬 컴퓨터로 전송)합니다.

⑪ 3개 소프트웨어(일러스트레이터, 포토샵, 편집 프로그램)에서 작업 비중이 큰 경우는?

시험 유형마다 다릅니다. 일러스트레이터에 많은 시간이 소요되는 시험문제가 있는가 하면, 포토샵의 비중이 높고 난도가 높은 시험이 출제될 때도 있기 때문입니다. 프로그램별 시험 유형은 다음과 같습니다.

01 | 일러스트레이터에서 작업 비중이 큰 경우

• 드로잉 위주의 실기 : 도형이나 캐릭터, 삽화를 그리는 문제가 많아지면서 일러스트레이터 작업 비중이 큰 경우이며 정확하고 깨끗하게 드로잉하는 것이 중요합니다.
• 다양한 도형제작 위주의 실기 : 일러스트레이터의 심볼이나 브러쉬에 비슷하게 생긴 도형이 있는지 잘 살펴야 합니다. 새로 도형을 그리는 것보다 소프트웨어에 있는 도형을 활용하면 시간을 절약할 수 있기 때문입니다. 때로는 포토샵의 Custom Shape Tool(사용자 정의 모양 툴)에도 비슷한 도형이 있을 수 있기 때문에 잘 살펴본 후 제작하는 것이 좋습니다.

02 | 포토샵에서 작업 비중이 큰 경우

• 이미지 합성 위주의 실기 : 합성 위주의 경우는 레이어 스타일, 블렌딩, 알파 채널 등의 기능을 모두 파악하고 알아 두어야 합니다.
• 복잡한 병행작업을 요하는 실기 : 합성, 입체, 그림자, 마스크 등을 작업하는 경우는 포토샵의 오브젝트 속성을 파악합니다.
• 특수 효과가 적용된 실기 : 이미지를 뒤집거나 색상반전, 흐리게 표시 등의 디자인이 나올 경우 포토샵의 기능을 파악해야 하는데 특히 필터 효과를 모두 연습해 보고 알아두어야 합니다.

- 입체 효과가 적용된 실기 : 입체, 그림자, 후광 등은 빠지지 않고 출제되는 항목이므로 레이어스타일을 알아두어야 합니다. 수동으로 그림자를 만들 때는 복제한 후 검정색을 주면 됩니다.
- 이미지 분리형 실기 : 이미지와 배경을 다른 용도로 사용하는 경우이며 참고자료의 이미지의 일부분을 분리해서 다른 이미지에 작업합니다.
- 패턴 위주의 실기 : 실기시험의 기본은 패턴이므로 잘못 제작하게 되면 감점요인이 됩니다. 사전에 많은 연습이 필요합니다.

03 | 편집 프로그램에서 작업 비중이 큰 경우

다양하고 많은 문자 입력, 한자, 특수문자 입력 등이 많은 경우의 실기

⑫ 일러스트레이터와 포토샵에서 눈금자의 단위를 어떻게 설정하죠?

일러스트레이터는 [Edit(편집)] 〉 [Preferences(환경설정)] 〉 [Units & Display Performance(단위와 성능보기)]에서 설정합니다.

포토샵은 [Edit(편집)] 〉 [Preferences(환경설정)] 〉 [Units & Rulers(단위와 눈금자)]에서 단위를 설정합니다. 또, Ctrl+R을 눌러 작업 이미지에 눈금자를 꺼낸 뒤 눈금자 위에서 마우스 오른쪽 버튼을 클릭하여 단위를 바꿀 수도 있습니다.

▲ 일러스트레이터

▲ 포토샵

⑬ 일러스트레이터에서 갑자기 검정선으로 보일 때가 있습니다. 원 상태로 바꾸려면 어떻게 하죠?

일러스트레이터에서 다른 단축키를 누르다가 실수하여 Ctrl+Y를 누르면 검정선만 보이게 됩니다. 작업 속도를 빠르게 하기 위해 채색된 상태를 선 형태로 표시하는 기능인데, 이럴 때엔 당황하지 말고 한 번 더 Ctrl+Y를 누르면 원 상태로 돌아옵니다.

▲ 채색된 상태

▲ 선 형태(Ctrl + Y)

⑭ 포토샵, 일러스트레이터 사용 중에 갑자기 한글 입력이 안 되고 영문만 나옵니다. 이럴 때는 어떻게 하나요?

작업 도중, 갑자기 한글 입력이 안 될 때가 있습니다. 이럴 때는 Alt + Shift 를 누른 상태에서 커서가 깜박이는 지점에 마우스 왼쪽 버튼을 클릭을 해주고, 한/영 을 누르면 됩니다. 안 되면 몇 번 반복합니다. 그래도 안 될 때는 '실행'에서 notepad(메모장)로 새창을 불러온 다음, 한글 문자를 입력해서 '붙여넣기' 하면 됩니다. 만약 그래도 안 될 때는 컴퓨터를 재부팅합니다.

⑮ 한자 및 특수문자 입력은 어떻게 하죠?

01 | 한자 입력

- **PC 수험자** : 포토샵, 일러스트레이터, 인디자인 등 모든 프로그램에서 한자 입력이 가능합니다. 한 글자를 입력한 후 한자 키를 눌러 원하는 한자를 선택하면 작업창에 나타납니다. 한글 2007 같은 프로그램은 사용할 수 없기 때문에 한자 입력은 한 글자씩 하는 게 좋습니다.
- **매킨토시 수험자** : 한자는 문자 입력 환경이 '표준 입력'으로 설정되어 있어야 하며, 한 글자를 입력한 후 option+return을 누르거나 [입력 환경] 〉 [한자 입력]을 선택합니다.

02 | 특수문자 입력

- **PC 수험자** : 특수문자 역시 포토샵, 일러스트레이터 등의 프로그램에서 입력해야 하기 때문에 미리 숙지해 두어야 합니다. 특수문자는 키보드의 'ㅁ' 키를 누른 상태에서 한자 를 누르면 특수문자 목록이 나옵니다. 해당 목록을 클릭하거나 번호를 누르면 특수문자가 입력됩니다. 대부분의 특수문자는 'ㅁ' 에서 나옵니다. 그 외의 특수문자를 찾고자 할 경우에는 키보드에서 ㄴ, ㅇ, ㄹ, ㅎ, ㅂ, ㅈ, ㄷ, ㄱ, ㅅ를 누르면서 한자 를 누르면 다양한 특수문자 목록이 차례로 나옵니다.

• 매킨토시 수험자 : 특수문자도 한자와 동일하게 문자 입력 환경이 '표준 입력'으로 설정되어 있어야 하며, 자음이나 모음 중 하나를 입력한 후 option+return을 누르거나 [입력 환경] 〉 [심볼 입력]을 선택합니다.

⑯ 문자 입력은 꼭 편집 프로그램만 사용해야 하나요?

문자에 특수한 효과가 들어가지 않은 작은 글자는 편집 프로그램(인디자인, 퀵 익스프레스)을 사용해서 문자를 입력하는 것이 좋습니다. 편집 프로그램을 이용하면 인쇄할 경우 작은 글자들이 깨지지 않고 선명하게 나오기 때문입니다. 하지만 포토샵이나 일러스트레이터에서 문자를 입력해도 고해상도로 저장하면 시각적으로 큰 차이가 나지 않을 뿐만 아니라 최종 작업물은 인쇄해서 제출하기 때문에 해상도가 깨지지 않는 이상 문제가 없습니다. 즉 포토샵 툴이 사용하기 편하다면 글자를 포토샵에서 쓰고 저장해도 된다는 뜻입니다. 포토샵에서 글자가 깨지는 것이 신경 쓰인다면 일러스트에서 문자를 쓴 후에 포토샵으로 가져오는 방법도 있습니다. 하지만 포토샵이나 일러스트레이터에서 작성한 글자는 문자를 변형하거나 효과를 주기 위해서 래스터화를 하는 것이 좋습니다. 문자를 래스터 이미지로 바꾸는 방법은 다음과 같습니다.

• 포토샵 : [Layer(레이어)] 〉 [Rasterize(래스터화)] 〉 [Type(문자)]을 클릭하거나 또는 Layers(레이어) 패널에서 해당 레이어를 선택하여 마우스 오른쪽을 클릭하여 나오는 바로 가기 메뉴의 [Rasterize Type (문자 래스터화)]을 선택합니다.

• 일러스트레이터 : [Type(문자)] 〉 [Create Outlines(윤곽선 만들기)]를 클릭하거나 또는 해당 글자를 선택하고 마우스 오른쪽을 클릭하여 나오는 바로 가기 메뉴의 [Create Outlines(윤곽선 만들기)]를 선택합니다.

⑰ 편집 프로그램에서 여백 지정을 꼭 해야 하나요?

여백 지정은 필수사항이 아닙니다. 감점을 당하지도 않습니다. 다만, 수험자가 출력물의 재단선을 정확하고, 신속하게 그리기 위해 필요합니다. 여백 지정은 편집 프로그램(인디자인, 퀵 익스프레스)에서 완성 이미지(PC-*.jpg, 매킨토시-*.pct)를 불러와 여백 설정항목에서 상하좌우 안쪽으로 3mm를 뺀 작품규격 크기의 안내선을 만듭니다. A4의 크기에서 작품규격을 뺀 값을 2등분하여 각각의 여백을 지정합니다.

예 작품규격이 191mm×270mm일 경우,

좌측과 우측 : $(210-191)\div2=9.5$

상단과 하단 : $(297-270)\div2=13.5$

이 값을 여백 지정 항목에 입력하면 여백에 해당하는 안내선이 만들어집니다.

18 편집 프로그램에서 정확한 재단선 표시 방법은?

▼ 디자인 원고 상단

컴퓨터그래픽기능사 / 디자인 원고 / 작품명 : 북커버디자인 / 작품번호 01

작품규격(재단되었을 때의 규격) : 가로191mm＊세로270mm, 작품 외곽선을 생략하고, 재단선은 3mm 재단 여유를 두고 용도에 맞게 표시할 것

재단선은 반드시 편집 프로그램에서 작성해야 합니다. 길이는 5mm, 두께는 0.3～0.5pt 정도로 표시합니다. 재단선의 길이와 두께가 일정하지 않거나 잘못 표시했을 경우는 감점이 되고, 표시하지 않았을 경우에는 탈락처리되기 때문에 재단선을 정확하게 표시해야 합니다.

• 3mm 재단 여유가 있을 때, 재단선은 3mm 재단 여유를 두고 용도에 맞게 표시

포토샵에서 작품크기를 설정할 때 실제 작품규격 191mm×270mm보다 사방으로 3mm 더한 197mm×276mm로 작업합니다. 그 다음 안내선을 이용하여 실제 작품규격과 동일하게 작업을 하고 사방으로 3mm씩 더 커진 부분에는 원본이미지가 자연스럽게 연결되도록 작업을 합니다. 그리고 편집 프로그램에서 3mm 안쪽으로 재단선을 표시합니다. 일반적으로 '안쪽 재단선'이라고 합니다.

• 3mm 재단 여유가 없을 때, 재단선은 실제규격에서 3mm 띄워 표시

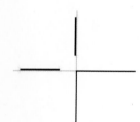

이미지를 연장하여 작성하지 않고 포토샵에서 작품의 크기를 실제규격과 동일하게 191mm×270mm로 작업합니다. 그 다음 편집 프로그램에서 이미지에 3mm 띄워 재단선을 표시합니다. 이를 '바깥쪽 재단선'이라고 합니다.

위의 두 가지 방법은 재단선의 길이와 두께는 일정하지만 작업 과정이 달라 연장된 이미지가 더 보이냐 안보이냐의 차이입니다. 이런 재단선 표시는 디자인 원고에 기재된 지시사항에 따라 작업합니다.

▲ 3mm 재단 여유가 있는 경우

▲ 3mm 재단 여유가 없는 경우

19 디자인 원고에 '작품외곽선 표시'라고 나오면 어떻게 하죠?

디자인 원고에 '작품외곽선을 표시'하고 라고 제시되어 있다면 편집 프로그램에서 사각형 툴을 이용하여 '면 : 없음, 테두리 색상은 검정, 두께는 1pt'로 설정하여 아래의 그림과 같이 그려주어야 합니다.

▲ 작품외곽선 표시

20 비(등)번호 입력은 어떻게 하죠?

모든 작업을 마치고 나서 편집 프로그램에서 작품의 하단에 비(등)번호를 입력해야 합니다. 표시하지 않을 경우 불합격 처리되기 때문에 반드시 입력해야 하는데 일반적으로 재단선의 왼쪽 하단에서 3mm를 띄워서 글꼴은 '돋움체', 사이즈는 '10pt'로 입력합니다.

▲ 비(등)번호 '1004'인 경우

21 포토샵에서 일러스트 파일을 불러왔는데 선명하지 않을 때 어떻게 해야 하나요?

포토샵에서 해상도를 점검할 필요가 있습니다. 포토샵에서 처음 문서를 작성할 때 해상도를 적절하게 입력했는지 확인해보시기 바랍니다. 보통 웹 작업은 72dpi, 출력물은 300dpi로 지정합니다. 하지만 컴퓨터그래픽기능사 실기 시험에서는 파일의 용량 때문에 100dpi 정도로 입력하면 적절합니다.

22 포토샵에서 CMYK 방식으로 작업한 후에 저장할 때는 다시 RGB 방식으로 바꾸어서 저장할 경우 Rasterize와 Don't Flatten 부분을 어떻게 처리해야 하나요?

Rasterize는 벡터 속성의 이미지를 비트맵 이미지로 전환하는 기능입니다. RGB 모드로 최종 저장 시 Rasterize 메시지가 나타나면 포토샵 작업 파일에서 일러스트를 통해 스마트오브젝트로 불러온 도형이 벡터상태로 있기 때문에 이 도형을 비트맵상태로 이미지화 시키겠냐는 것이므로 Rasterize로 설정하면 됩니다. 그 다음 나타나는 창에서는 Don't Flatten 메뉴를 선택하여 패턴을 병합하지 않는 것이 좋습니다. 마지막 점검 시 다시 재수정해야 하는 경우를 대비해서 패턴을 병합하지 않는 것이 만약의 실수에 대비하는 안전한 방법이기 때문입니다.

23 일러스트레이터에서 작업한 이미지를 복사해서 포토샵으로 붙여넣기 할 때 스마트오브젝트로 해야 할지 픽셀로 해야 할지 알려주세요. 스마트오브젝트와 픽셀 작업의 차이점이 무엇인가요?

포토샵에서는 픽셀 속성(비트맵)이 되어야 다양한 효과를 적용할 수 있습니다. 스마트오브젝트 상태로 불러왔을 때는 벡터 속성을 유지하기 때문에 일러스트레이터에서 동일 이미지를 재수정한 후 저장하게 되면 포토샵에서도 연동되어 자동으로 수정됩니다. 하지만 컴퓨터그래픽기능사 실기 시험에서는 용량을 줄이고 다양한 효과를 적용하기 위한 과정이므로 픽셀 이미지로 붙여넣기를 하는 것이 바람직합니다.

출력과 마무리에 관한 Tip

01 출력시간도 시험시간(3시간)에 포함되나요?

출력은 시험시간과 무관합니다. 작업만 3시간 안에 끝내면 됩니다.

- 감독관이 출력을 해주거나 수험자가 직접 출력합니다(해상도 : 360dpi).
- 직접 출력할 경우에는 프린트 용지 크기와 방향을 확인하여 출력합니다.
- 출력물을 제공된 8절 켄트지 중앙에 양면테이프를 이용하여 부착합니다.
- 수험번호와 이름을 기재하고 최종 제출합니다.

02 포토샵 해상도와 일러스트레이터의 해상도는 다른 건가요?

소프트웨어마다 다릅니다.

- 포토샵에서는 기본 해상도가 72dpi로 설정되어 있는데 해상도가 낮으면 이미지가 깨지기 때문에 200~300dpi로 설정해야 합니다. 다만 제출 용량은 10MB를 넘지 않도록 주의해야 합니다.
- 일러스트레이터는 벡터 소프트웨어이므로 해상도와 관련이 없습니다.

03 이미지가 깨져서 출력되었어요. 어떤 이유 때문이죠?

출력물의 이미지가 선명하지 않는 이유는 다음과 같습니다.

- 포토샵 해상도를 기존 그대로(72dpi)로 설정한 경우
- 일러스트레이터나 포토샵에서 작업한 이미지의 scale을 확대했을 경우
- 편집 프로그램에서 작업을 마치고 USB에 이미지와 출력 파일을 넣은 다음 이미지의 파일명을 변경했을 경우
- 출력 시 이미지가 깨져 보이는 경우는 불합격의 주요 원인이기도 하니 이미지의 scale 변형은 해서는 안 되며 파일명이 바뀐 이미지는 편집 프로그램에서 다시 불러와서 작업한 다음 출력해야 합니다.

04 출력물에 재단선이 조금 잘려서 나왔습니다. 왜 그런 거죠?

잉크젯 프린터의 특징은 상단, 좌측, 우측이 4~5mm, 하단 10~15mm가 출력되지 않습니다. 조금만 틀어져도 재단선이 잘려서 출력될 수 있으니 사전에 연습해보고 여러 번 검토한 후에 출력해야 합니다.

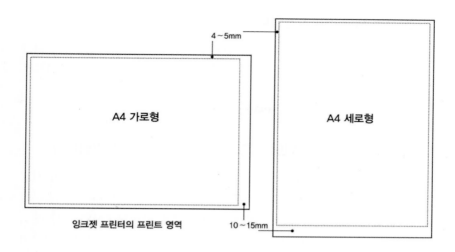

A4 가로형

A4 세로형

4~5mm

잉크젯 프린터의 프린트 영역

10~15mm

05 마운팅(부착)이 생각보다 어렵다던데 어떻게 해야 하죠?

아래의 그림처럼 양면테이프를 이용해서 출력물 뒷면의 네 모서리에 붙인 다음, 제공된 8절 켄트지의 중앙에 마운팅합니다.

그 다음 왼쪽 상단의 표제 고무인에 인적사항[성명, 수험번호 또는 비(등)번호]을 기재한 뒤 감독관의 확인 날인을 받고 제출하면 됩니다.

무엇보다 부착한 출력물이 손상되거나, 땀 등의 이물질이 묻지 않도록 주의해야 합니다.

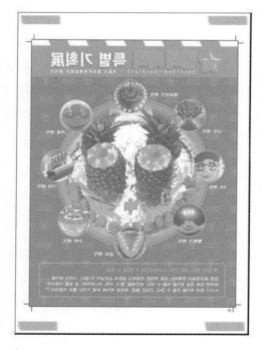

▲ 뒷면 양면테이프 위치

▲ 8절 켄트지에 마운팅(부착)

06 출력물에 이물질이 묻었습니다. 재출력이 가능합니까?

출력 횟수는 1회가 원칙이지만 최대 2장까지 지급받을 수 있습니다. 그러나 감독관에 따라, 남은 시간에 따라, 현장 상황에 따라서 다를 수 있습니다. 따라서 수험자는 1회 출력이라고 생각하고 출력물을 조심히 다루어야 합니다.

07 완성 이미지를 저장할 때 RGB와 CMYK 중 어떤 모드로 저장해야 하는지 헷갈립니다.

실기시험장에서 출력은 잉크젯 프린터로 출력합니다. 잉크젯 프린터는 'RGB 모드'에서 출력해야 선명하게 나옵니다. 선명하지 못한 결과물은 감점 대상이 되기 때문에 RGB 모드에서 출력하는 게 좋습니다. 물론 시험지시서의 여러 지시문에는 CMYK로 되어 있기 때문에 시험은 당연히 CMYK 모드에서 작업해야 합니다. 그러나 완성 이미지(PC-*.jpg, 매킨토시-*.pct)를 저장할 때는 선명하게 출력하기 위해서 RGB 모드로 바꾸어서 출력합니다. 만약 시험지시서에 'CMYK'로 출력하라고 명시되어 있다면 당연히 CMYK 모드로 출력해야 되겠죠? 프로그램별 컬러 모드는 다음과 같습니다.

• 일러스트레이터, 포토샵은 CMYK 모드에서 작업합니다. 만약 초기에는 RGB 모드로 작업하고 나중에 CMYK 모드로 변경하면 색상이 전체적으로 바뀌게 되니 이점을 주의해야 합니다.

• 대부분의 필터 효과는 RGB 모드에서 적용됩니다. 따라서 포토샵의 [Image(이미지)] 〉 [Mode(모드)] 〉 [RGB Color(RGB 색상)]으로 바꾸고 [Adobe Photoshop CS6 Extended] 대화상자에서 [Don't Flatten(배경으로 병합 안함)] 버튼을 클릭한 다음, 효과를 적용해야 합니다.

08 RGB 모드와 CMYK 모드의 차이점은 무엇인가요?

01 | RGB 모드

RGB는 Red, Green, Blue로 '빛의 3원색'이라고 합니다. 이 3원색을 결합하면 흰색이 되기 때문에 '가산혼합'이라고도 합니다. 가산혼합에 의해 구현할 수 있는 하나의 색상은 1byte = 8bit ⇒ 256가지의 색입니다. 이렇게 256단계의 색상정보를 가진 RGB를 각각 256*256*256으로 곱하면 1천6백7십7만 컬러의 색상 수가 됩니다. 이 수의 개념을 이해하기 위해서는 bit와 byte 등을 알아야 합니다.

• 1bit = 0과 1 ⇒ 흑백(2색)

  1byte = 2^3bit = 8bit ⇒ 256색(**예** RGB 8×3=24bit ⇒ 1,677만색)

• 1KB : 2^{10}bytes = 1,024bytes

• 1MB : 2^{20}bytes = 1,024KB

• 1GB : 2^{30}bytes = 1,024MB

• 1TB : 2^{40}bytes = 1,024GB

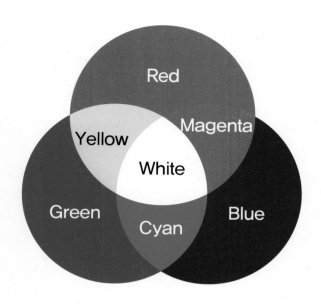

▲ RGB 모드

02 | CMYK 모드

CMY는 Cyan, Magenta, Yellow로 '잉크(안료)의 3원색'이라고 합니다. 이론 상 3원색을 합치면 검정색이 나오므로 '감산혼합'이라고도 합니다. 그러나 이론과 다르게 3원색을 합하면 깨끗한 검정색이 아니라 지저분한 회색이 나옵니다. 그래서 Black을 추가하여 CMYK로 통용되고 있는 것입니다. 컬러 프린터의 카트리지도 CMY통 외에 별도의 K(Black) 통으로 나누어져 있고, 인쇄 실무에서도 '4도 분판 출력'을 합니다. 결국, CMY의 출력물 색상은 RGB의 모니터 색상 영역보다 적기 때문에 색상의 질이 떨어져 보이는 것입니다.

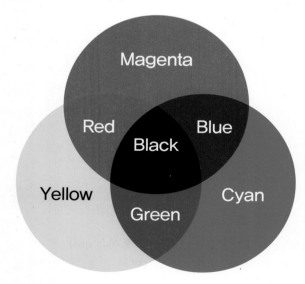

▲ CMYK 모드

09 감독관에게 제출할 최종 파일은 어떤 방식으로 전달하죠?

시험장마다 차이가 있는데 로컬 컴퓨터로 제출하는 방식과 USB로 제출하는 방식이 있습니다.

01 | 로컬 컴퓨터로 전송하기

• 처음에 시험장 컴퓨터에 착석하여 바탕화면에 '테이블 번호', '비번호', '성명'란을 입력합니다.

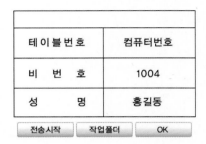

• [OK] 버튼을 클릭하면 바탕화면에 비번호 이름의 폴더가 생성됩니다.
• 비번호 폴더 안에 'jpg' 파일만 저장한 후 [전송시작] 버튼을 클릭합니다(인디자인은 indd, 쿽 익스프레스는 qxd 파일). 용량 10MB를 초과하면 실격될 수 있으니 여러 번 확인해야 합니다.
• 용량이 충분하면 부정 방치 차원에서 시험장 관리자에 따라 포토샵이나 일러스트레이터 결과물을 같이 제출하라고 하는 경우도 있지만 제출 시 용량 문제로 인쇄 결과물 그리고 편집 프로그램(인디자인, 쿽 익스프레스)으로 작업한 결과물과 JPG 파일만 제출하고 있습니다.

02 | USB에 저장해서 제출하기

• 아래의 그림과 같이 USB 폴더에 비(등)번호의 폴더를 생성합니다.

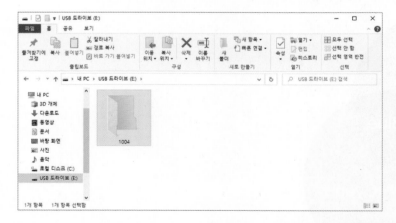

• USB의 비번호 [1004] 폴더 안에 'jpg' 파일을 저장합니다(인디자인 indd, 쿽 익스프레스 qxd).
• 이미지 위에서 마우스 오른쪽 버튼을 클릭하여 나오는 바로 가기 메뉴의 [연결 정보]를 클릭하고 USB에 저장된 JPG 파일을 선택한 후 [열기]를 클릭하여 이미지 연결 경로를 USB로 변경해 줍니다.
• 제출 파일이 용량(10MB)이 초과되면 실격 처리되므로 여러 번 확인합니다.

프로그램 기능 익히기

Illustrator CS6

01 기본 화면 구성

❶ **메뉴 바** : 일러스트레이터에서 제공하는 명령들을 풀다운 형식으로 표시해 줍니다.

❷ **옵션 바** : 선택된 개체에 대한 속성(면색, 선색, 두께 등)을 설정할 수 있습니다.

❸ **툴 패널** : 작업에서 가장 필수적인 도구를 모아 놓은 곳입니다.

❹ **아트보드(작업 영역)** : 스케치북이라 할 수 있는 일러스트레이터의 작업 영역이고 출력될 용지의 크기에 맞게 점선 형태로 영역을 표시하며, 실선으로 표시되는 부분은 작업창을 표시합니다.

❺ **패널** : 일러스트레이터에서 제공하는 각종 기능들을 패널 형식으로 모아 놓은 곳입니다.

❻ **상태 표시줄** : 현재 작업 중인 아트보드의 정보를 표시합니다.

01 툴 패널의 구조

일러스트레이터에서 가장 많이 사용되는 기본적인 도구들을 모아 놓은 상자입니다. 기본으로는 자주 사용하는 메인 툴만 보이고 나머지 툴은 가려져 보이지 않습니다. 삼각형 화살표가 있는 툴은 아래 숨겨진 툴이 있다는 의미로 마우스 왼쪽 버튼으로 툴을 길게 누르고 있으면 나머지 툴이 나타납니다.

02 드로잉 툴의 사용법

01 | Selection Tool 　 ★★

오브젝트를 선택하고, 이동, 복사, 변형 등을 할 수 있는 도구로서 매우 중요한 툴입니다. 오브젝트를 한번 클릭하면 오브젝트를 둘러싸는 크기 조절 박스가 생기며, 박스의 포인트를 조절하여 오브젝트를 다양하게 변형할 수 있습니다.

▲ 오브젝트 선택

▲ 오브젝트 복사 및 변형

▲ 오브젝트 회전

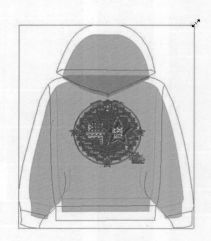

▲ 오브젝트 크기 조절

02 | Direct Selection Tool ▸ ★★

선택 툴과 동일한 기능을 가지고 있지만, 오브젝트의 특정 부분만을 선택하여 이동, 삭제, 수정 등을 할 때 사용하는 도구입니다. 오브젝트 내의 정점 하나 혹은 선분을 선택하거나 그룹화 된 오브젝트의 일부를 선택하여 수정하는 것이 가능하므로, 오브젝트의 세밀한 부분을 수정할 때 사용합니다.

◀ 오브젝트의 정점 선택

03 | Group Selection Tool ★☆

그룹 선택 툴은 그룹으로 묶어진 오브젝트 중에서 특정 오브젝트를 선택하여 이동하거나 관리할 때 사용하는 도구입니다.

04 | Magic Wand Tool

해당 오브젝트의 클릭한 부분과 동일 색상 정보를 가지고 있는 오브젝트를 한꺼번에 선택할 때 사용하는 도구입니다.

05 | Lasso Tool

원하는 오브젝트를 마우스로 자유롭게 드래그하여 선택하는 것으로, 자유로운 형태로 여러 개의 오브젝트를 선택할 때 사용하는 도구입니다. 선택 툴과 마찬가지로 오브젝트의 일부만 선택하여도 전체 오브젝트가 선택됩니다.

06 | Pen Tool ★★

일러스트레이터로 불특정 모양을 그릴 때 가장 많이 쓰이는 도구로서 직선과 곡선으로 된 패스를 그릴 수 있으며, 다양한 오브젝트를 만들 때 사용하는 도구입니다.

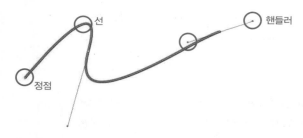

- **정점(Anchor Point)** : 드로잉의 기본으로서 선과 선을 연결해주는 기본 요소입니다.
- **선(Segment)** : 정점과 정점을 연결한 선을 의미합니다.
- **핸들러(Direction Point)** : 정점에서 드래그하면 나타나는 양쪽 직선을 의미합니다. 즉, 핸들러가 생겼다는 것은 곡선을 의미합니다.

① 자유직선 그리기

펜 툴을 선택한 후 작업창에 계속 클릭만 하면 연결되는 직선이 그려집니다.

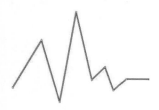

② 각이 있는 직선 그리기

Shift 를 누르면서 클릭하면 정확히 0°, 45°, 90°의 직선이 그려집니다.

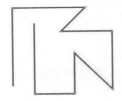

③ 곡선 그리기

정점 ⓐ를 클릭하고 정점 ⓑ를 클릭한 후 드래그합니다. 핸들러의 각도를 적당히 하고 ⓐ, ⓑ만큼의 거리에 정점 ⓒ를 클릭합니다.

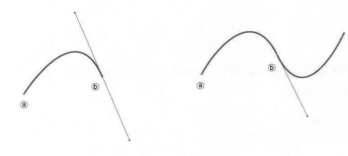

④ 곡선과 직선 함께 그리기

곡선을 그린 후 핸들이 있는 정점을 클릭하면 한쪽 방향의 핸들이 사라지므로 직선을 그릴 수 있습니다.

07 | Add Anchor Point Tool

오브젝트나 패스에 고정점을 추가하여 수정할 때 사용하는 도구입니다.

08 | Delete Anchor Point Tool

고정점 추가 툴의 반대로 오브젝트나 패스에 고정점을 삭제하여 수정할 때 사용하는 도구입니다.

09 | Convert Anchor Point Tool ★☆

곡선에서 직선을 만들거나, 직선을 곡선으로 만들 때 사용하는 도구입니다. 정점을 드래그하면 곡선으로 클릭하면 직선으로 만들어집니다.

10 | Type Tool T ★★

작업창에 가로방향의 글자를 입력할 때 사용하는 도구입니다. 글자의 속성은 Character(글자)패널에서 설정할 수 있습니다.

11 | Area Type Tool T

일정 영역 안에 글자를 입력할 때 사용하는 도구입니다. 편집 디자인이나 타이포그래피 작품을 만들 때 문장의 형식이나 모양을 다양하게 표현할 수 있습니다.

12 | Type On a Path Tool ✎ ★★

패스의 라인을 따라서 흘러가는 글자를 입력할 때 사용하는 도구입니다. 모든 드로잉 툴로 만든 라인이나 오브젝트의 패스에 모두 적용할 수 있습니다.

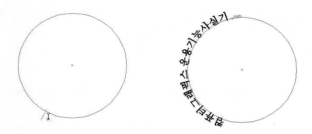

13 | Vertical Type Tool ↓T

작업창에 세로방향의 글자를 입력할 때 사용하는 도구입니다.

14 | Vertical Area Type Tool T

영역 글자 툴과 동일하게 일정 영역 안에 세로 방향으로 글자를 입력할 때 사용하는 도구입니다.

15 | Vertical Type On a Path Tool ✎

패스 글자 툴과 동일하게 패스의 라인을 따라서 흘러가는 글자를 세로로 입력할 때 사용하는 도구입니다.

16 | Line Segment Tool ╱

직선, 수평선, 수직선, 사선 등을 그릴 때 사용하는 도구입니다. 마우스를 클릭하고 드래그하면 드래그한 길이만큼의 직선을 그릴 수 있습니다.

17 | Arc Tool

곡선을 그릴 때 사용하는 도구입니다. 마우스를 클릭하고 드래그하면 드래그한 길이만큼의 곡선을 그릴 수
있습니다.

18 | Spiral Tool ★★

소용돌이 모양의 오브젝트를 그릴 때 사용하는 도구입니다. 대화상자에서 나선형의 방향과 회전 정도 등을
설정할 수 있습니다.

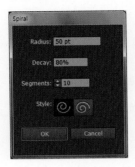

19 | Rectangular Grid Tool ★★

사각의 격자 모양을 마우스로 드래그하여 그리거나 대화상자에서 수치를 입력하여 원하는 격자를 정확하게
그릴 수 있습니다.

> **기적의 TIP**
>
> 캐릭터를 그릴 때 문제지에 격자를 연필과 자를 이용해 그린 후, 일러스트레이터에서도 같은 크기의 격자를 그리고 격자를 기반으로 캐릭터
> 를 그려나가면 보다 비슷한 형태로 만들어 낼 수 있습니다.

20 | Polar Grid Tool

원형의 격자 모양을 마우스로 드래그하여 그리거나 대화상자에서 수치를 입력하여 원하는 격자를 정확하게
그릴 수 있습니다.

21 | Rectangle Tool ★☆

사각형 모양의 오브젝트를 그릴 때 사용하는 도구로서 마우스를 드래그하거나 작업창의 임의의 위치에 마
우스를 클릭하여 나타나는 대화상자에 값을 설정하여 오브젝트를 그릴 수 있습니다.

22 | Rounded Rectangle Tool ★☆

모서리가 둥근 사각형 모양의 오브젝트를 그릴 때 사용하는 도구입니다. 마우스를 드래그하거나 작업창의 임의의 위치에 마우스를 클릭하여 나타나는 대화상자에 값을 설정하여 오브젝트를 그릴 수 있습니다.

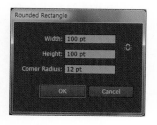

23 | Ellipse Tool ★☆

정원이나 타원형의 오브젝트를 그릴 때 사용하는 도구입니다. 마우스를 드래그하거나 작업창의 임의의 위치에 마우스를 클릭하여 나타나는 대화상자에 값을 설정하여 오브젝트를 그릴 수 있습니다.

24 | Polygon Tool  ★☆

사용자가 원하는 다각형 모양의 오브젝트를 그릴 때 사용하는 도구입니다. 마우스를 드래그하거나 작업창의 임의의 위치에 마우스를 클릭하여 나타나는 대화상자에 값을 설정하여 오브젝트를 그릴 수 있습니다.

25 | Star Tool 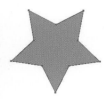 ★☆

별모양의 오브젝트를 그릴 때 사용하는 도구입니다. 마우스를 드래그하거나 작업창의 임의의 위치에 마우스를 클릭하여 나타나는 대화상자에 값을 설정하여 오브젝트를 그릴 수 있습니다. 대화상자에 설정한 포인트 수와 반지름에 따라 다양한 모양을 만들 수 있습니다.

26 | Flare Tool 📷

렌즈 플레어 효과를 줄 때 사용하는 도구입니다. 먼저 플레어 툴을 도구상자에서 선택한 다음 작업창의 임의 위치에 마우스를 클릭하면 첫 번째 플레어의 도형이 만들어집니다. 두 번째로 다시 한 번 클릭하면 다시 하나 더 플레어 도형이 나타납니다. 이 때 마우스로 드래그하여 반사되는 빛의 길이와 위치를 설정할 수 있습니다.

27 | Paintbrush Tool 🖌

붓으로 그림을 그리듯이 자유로운 선을 그릴 때 사용하는 도구입니다. Brushes 패널에서 다양한 종류의 선을 선택할 수 있습니다.

> **기적의 TIP**
>
> • 페인트브러쉬 툴이나 연필 툴을 연속적으로 선을 교차하면서 그릴 경우 서로 선이 연결되어 하나의 형태로 만들어집니다. 이때, 페인트브러쉬 툴을 더블클릭하여 대화상자에서 Edit Selected Paths(선택 패스 편집)의 체크를 해제하면 하나의 형태로 만들어지지 않습니다.
> • [Object] › [Expand Appearance]를 선택하면 적용된 브러쉬 효과를 일반 오브젝트로 변환할 수 있습니다.

28 | Pencil Tool ✏

자유로운 형태의 패스를 그릴 때 사용하는 도구입니다. 기본적인 사용방법은 브러쉬 툴과 동일하며, Stroke(선) 패널에서 두께를 조절하거나 Brushes(브러쉬) 패널에서 선의 종류를 선택할 수 있습니다.

29 | Smooth Tool ✏

브러쉬 툴이나 연필 툴 등으로 그려진 오브젝트의 패스를 좀 더 부드럽게 표현하고자 할 때 사용하는 도구입니다.

30 | Path Eraser Tool ✏

브러쉬 툴이나 연필 툴 등으로 그려진 오브젝트의 패스를 부분적으로 삭제할 때 사용하는 도구입니다.

31 | Blob Brush Tool 🖌

물방울 브러쉬 툴을 활용하게 되면 곧바로 'Fill(칠)' 속성의 오브젝트를 만들어 낼 수 있습니다. 이러한 속성을 이용하여 손 글씨처럼 자연스러운 느낌의 오브젝트를 표현하고자 할 때 사용하면 아주 효율적인 도구가 될 것입니다. 물방울 브러쉬 툴을 이용하면 손 글씨를 간단히 복제할 수 있습니다.

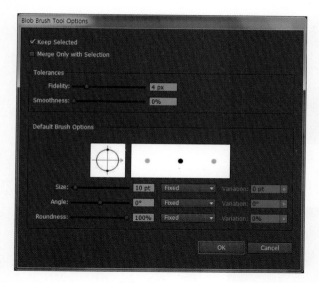

32 | Eraser Tool

포토샵에서 픽셀을 지우듯이 아트워크 영역을 신속하게 지울 수 있습니다. 지우개 툴을 더블클릭하면 모양과, 크기를 조절할 수 있는 대화상자가 열립니다.

33 | Scissors Tool ✂ ★☆

오브젝트나 패스를 자르는 도구로서 절단하고자 하는 패스의 임의의 두 곳을 클릭하는 것으로 오브젝트를 나눌 수 있으며, 나누어진 오브젝트는 열린 패스를 갖게 됩니다.

34 | Knife Tool ✎ ★☆

가위 툴보다 자유롭게 오브젝트를 나눌 수 있으며, 나누어진 오브젝트는 각각 닫힌 패스의 오브젝트로 나눠줄 수 있습니다.

35 | Rotate Tool ↻ ★★

선택한 오브젝트를 회전시킬 때 사용하는 도구입니다. 회전 중심점에 따라 각도가 달라지며, 회전 툴을 더블클릭하면 나타나는 대화상자에 수치를 입력하여 회전시킬 수 있습니다.

> **기적의 TIP**
> • Alt 를 누른 상태로 중심축을 지정하면 대화상자가 열립니다.
> • Ctrl + D 를 누르면 반복적으로 복사가 됩니다.

중심축

36 | Reflect Tool  ★★

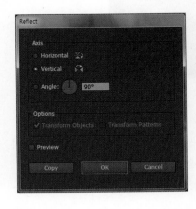

중심축

거울처럼 왼쪽, 오른쪽이 뒤바뀌어 반사되는 오브젝트를 만들 때 사용하는 도구입니다. 중심점으로 좌우대칭과 상하 대칭이 가능합니다. 로고나 CI 작업을 할 때 시간을 단축시킬 수 있어 유용하게 쓰이는 도구입니다.

37 | Scale Tool  ★★

오브젝트를 확대하거나 축소시키는 기능을 하는 도구로서 크기 조절 툴을 더블클릭하면 나타나는 대화상자에 수치를 입력하여 크기를 조절할 수 있습니다.

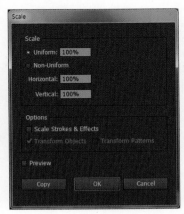

38 | Shear Tool 📝 ★☆

선택한 오브젝트를 자유롭게 기울일 때 사용하는 도구로서 마우스를 드래그하거나 대화상자를 통하여 기울이기를 할 수 있습니다. 그림자나 도형의 입체 효과 등에 유용하게 사용됩니다.

39 | Reshape Tool 🐦

직접 선택 툴의 기능과 비슷하나 선택된 포인트 주변의 선택되지 않은 포인트와 패스도 상대적으로 움직여, 오브젝트를 부드럽게 변형할 때 사용하는 도구입니다.

40 | Width Tool 🐾

유동화 도구의 하나로 마우스를 드래그하는 방향으로 선의 폭을 자유롭게 변형하는 도구입니다.

41 | Warp Tool 🖌

유동화 도구의 하나로 오브젝트를 마우스가 드래그하는 방향으로 왜곡하여 변형하는 도구입니다.

42 | Twirl Tool 🌀 ★☆

유동화 도구의 하나로 마우스를 드래그하는 방향과 위치에 따라 오브젝트를 비틀어서 변형하는 도구입니다.

43 | Pucker Tool ✖

유동화 도구의 하나로 마우스를 드래그하는 방향으로 오브젝트의 모양을 구기듯이 당겨서 변형을 하는 도구입니다.

44 | Bloat Tool 🔵

유동화 도구의 하나로 마우스를 드래그하는 방향으로 오브젝트의 모양을 팽창시켜 부풀려지듯이 변형하는 도구입니다.

45 | Scallop Tool ▤

유동화 도구의 하나로 마우스를 드래그하는 방향으로 오브젝트의 모양을 물결치듯이 찌그러트려 변형하는 도구입니다.

46 | Crystallize Tool ❉

유동화 도구의 하나로 마우스를 드래그하는 방향으로 오브젝트의 모양을 수정의 결정 형태로 변형하는 도구입니다. 조개 툴과 반대 방향으로 변형되는 것을 확인할 수 있습니다.

47 | Wrinkle Tool 🖌

유동화 도구의 하나로 마우스를 드래그하는 방향으로 오브젝트의 모양을 주름지도록 변형하는 도구입니다.

48 | Free Transform Tool 🔲

선택한 오브젝트의 바운딩 박스를 이용하여 크기, 회전, 이동 등의 변형 작업을 자유롭게 조절할 수 있는 도구입니다.

49 | Shape Builder Tool 🖌

여러 오브젝트 중 하나를 선택하고 〈툴 박스안 모양구성〉을 클릭한 후 또 다른 오브젝트에 가져다놓으면 겹쳐진 영역부분을 패스파인더의 병합, 삭제, 나누기와 같은 기능을 간편하게 적용할 수 있습니다.

50 | Live Paint Bucket Tool 🖌

스포이트 툴에 의해 복제된 오브젝트의 각종 속성들을 다른 벡터 오브젝트나 비트맵 이미지에 손쉽게 적용할 수 있습니다.

51 | Live Paint Selection Tool 🔲

오브젝트로 가져가면 라이브 페인트 통을 이용하여 색을 채운 오브젝트가 자동으로 선택되어져 손쉽게 선택할 수 있습니다.

52 | Perspective Grid Tool 📊

3D입체를 쉽게 그리는 CS5부터 생긴 신기능으로 화면 안에 원근감이 있는 안내선이 나타나고 도형 툴을 클릭하면 안내선에 맞추어 도형이 자동 투시됩니다.

53 | Perspective Selection Tool 🔲

'Perspective Grid Tool'에서 기본적으로 표시가 되는 위젯이 작업에 방해가 된다면, [Perspective Selection Tool]을 더블클릭하여 나타나는 [Perspective Grid Options] 대화상자에서 'Show Active Plane Widget'의 체크를 해제하면 된다. 또한 위젯의 위치 이동을 하고자 하면 'Widget Position'에서 목적하는 위치를 선택하면 됩니다.

54 | Mesh Tool ★☆

오브젝트를 그물 형식으로 나누어, 각각의 포인트에 그라데이션을 적용하는 도구입니다. 벡터 이미지에서 구현하기 힘든 명암 효과와 물체의 불규칙한 굴곡 등의 색에 볼륨감을 표현할 수 있습니다. 망 툴은 선에 적용할 수 없으며 기준점이나 선이 많아지기 때문에 용량이 커진다는 단점이 있습니다.

 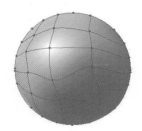

> **기적의 TIP**
>
> 면에 그라데이션 색을 먼저 적용하고 망 툴로 도형을 클릭하면 검정색으로 변합니다. 그러므로 면색을 지정한 후에 망 툴을 사용하는 것이 효율적입니다. Direct Selection Tool(직접 선택 툴)로 기준점을 선택해서 색을 변경할 수 있습니다.

55 | Gradient Tool ★★

오브젝트의 색이 연속적으로 변화되도록 하는 그라데이션 효과를 주는 도구로서 그라데이션 툴을 선택하고 마우스로 드래그하는 방향과 길이에 따라 그라데이션 효과의 길이와 방향이 결정되며 직선형(Linear)과 방사형(Radial)으로 적용할 수 있습니다.

  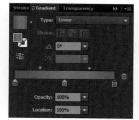 

▲ 방사형   ▲ 직선형

▲ 투명도 조절

56 | Eyedropper Tool ★★

오브젝트에 적용된 색상, 패턴, 그라데이션, 텍스트 등의 속성을 추출하여 다른 오브젝트에 적용시킬 수 있는 도구입니다.

57 | Measure Tool

Info(정보) 패널을 통하여 오브젝트의 거리, 각도, 위치, 크기 등을 측정할 수 있으며 색상 정보도 알 수 있는 도구입니다.

58 | Blend Tool ★★

형태나 색이 다른 두 개의 오브젝트 사이에 중간과정의 오브젝트들을 만들어 자연스럽게 변하는 과정을 만들어 줍니다. 이러한 블렌드 툴의 기능을 활용하여 정확한 개수의 문양이나 오브젝트를 만드는데 아주 유용하게 사용할 수 있습니다.

59 | Symbol Sprayer Tool

동일한 오브젝트를 반복해서 사용할 때 편리한 도구입니다. Symbol(심볼) 패널에서 심볼을 선택하고 작업창에 클릭하면, 심볼이 작업창에 뿌려지듯이 추가됩니다.

60 | Symbol Shifter Tool

심볼 스프레이어 툴을 사용하여 만들어진 심볼 오브젝트를 자연스럽게 이동시킬 때 사용하는 도구입니다.

61 | Symbol Scruncher Tool

작업창에 그려진 심볼들을 집중시키거나 분산시킬 수 있는 도구입니다. 마우스로 드래그하면 드래그하는 위치를 중심으로 심볼이 집중됩니다.

62 | Symbol Sizer Tool

작업창에 그려진 심볼들의 크기를 드래그하여 확대하거나 축소하는 도구입니다. 마우스로 드래그하면 드래그하는 위치를 중심으로 심볼이 확대됩니다.

63 | Symbol Spinner Tool

작업창에 그려진 심볼들을 회전시키는 도구입니다. 마우스로 드래그하면 드래그하는 방향에 따라 오브젝트들의 방향을 회전할 수 있습니다.

64 | Symbol Stainer Tool

작업창에 그려진 심볼들에 지정한 색을 적용시킬 수 있는 도구입니다. 마우스로 드래그하면 마우스가 지나간 자리에 자연스럽게 채색됩니다.

65 | Symbol Screener Tool

작업창에 그려진 심볼들에 투명도를 적용할 수 있는 도구입니다. 마우스로 드래그하면 마우스가 지나간 자리가 자연스럽게 투명하게 됩니다.

66 | Symbol Styler Tool

작업창에 그려진 심볼에 Graphic Styles(그래픽 스타일) 패널에서 선택한 스타일을 적용시킬 수 있는 도구입니다. 스타일을 선택하고 마우스로 드래그하면 마우스가 지나간 자리에 자연스럽게 스타일이 적용됩니다.

67 | Column Graph Tool ★☆

가장 기본적인 형태를 가진 그래프를 그릴 수 있는 도구입니다.

68 | Stacked Column Graph Tool

데이터의 값을 각 항목별 세로 막대에 분할시켜서 나타내는 도구입니다.

69 | Bar Graph Tool

가로 막대 그래프를 그릴 수 있는 도구입니다.

70 | Stacked Bar Graph Tool

데이터의 값을 각 항목별 가로 막대에 분할시켜서 나타내는 도구입니다.

71 | Line Graph Tool

데이터의 값을 포인터와 직선으로 나타내는 도구입니다.

72 | Area Graph Tool

입력된 데이터들의 변화량을 시각적으로 나타내는 도구입니다.

73 | Scatter Graph Tool

입력된 데이터의 값을 X, Y 좌표로 위치를 분산하여 나타내는 도구입니다.

74 | Pie Graph Tool

분포도나 성향 등을 나타낼 때 가장 많이 사용하는 그래프로 파이 모양으로 데이터를 나타내는 도구입니다.

75 | Radar Graph Tool

방사형의 원을 분할하여 그래프의 공간성을 시각적으로 나타내는 도구입니다.

76 | Artboard Tool

하나의 파일에 다양한 크기의 아트보드를 여러 개 만들 수 있습니다. 최대 100까지 생성이 가능하며 자유롭게 배치할 수 있습니다. 여러 개의 아트보드는 개별적 또는 모두 함께 저장하거나 인쇄할 수 있으며 PDF 파일로도 저장할 수 있습니다.

기적의 TIP

[File] 〉 [New]를 선택하여 처음 아트보드를 만들 때 [New Document] 대화상자의 [Number of Artboards]의 개수를 설정하여 처음부터 여러 개의 아트보드를 만들 수 있습니다.

77 | Slice Tool

이미지나 오브젝트를 나누어 분할하는 기능을 가지고 있으며 포토샵의 분할 영역 툴과 같은 기능을 하는 도구입니다. 웹에서 용량이 큰 이미지를 그대로 올리는 것은 로딩 시간을 지연시키므로 이미지를 분할 저장하여 로딩시간을 단축시킬 수 있습니다.

78 | Slice Selection Tool

분할된 이미지나 오브젝트 조각들을 선택하여 선택영역을 수정할 수 있는 도구입니다.

79 | Hand Tool ★★

손 툴은 작업 화면을 원하는 방향으로 이동시키는 도구입니다. 손 툴을 선택하고 마우스로 드래그하면 작업 화면이 이동됩니다. 이 툴을 더블클릭하면 작업창 중앙에 알맞은 크기로 볼 수 있습니다.

기적의 TIP

Space Bar 를 누르면 손쉽게 작업 화면을 원하는 방향으로 이동시킬 수 있습니다.

80 | Page Tiling Tool

작업창의 페이지 경계선을 이동하여 프린트 영역을 설정하는 도구입니다.

81 | Zoom Tool ★★

작업 화면을 축소하거나 확대할 수 있는 도구입니다. 일러스트레이터는 벡터방식이기 때문에 작업창을 확대/축소를 해도 오브젝트 이미지에 손상이 가지 않습니다. 그러므로 작은 오브젝트를 크게 작업하기보다는 툴 패널의 돋보기 툴을 사용하여 200~300% 정도로 작업창을 확대한 다음 작업을 하면 빠르고 정확한 작업을 할 수 있습니다.

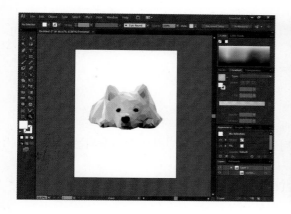

기적의 TIP

- Ctrl + + : 작업화면 확대하기
- Ctrl + − : 작업화면 축소하기
- Ctrl + 0 : 작업화면 적정 비율로 보기
- Ctrl + 1 : 작업화면 100% 크기로 보기
- Ctrl + Space Bar : 확대 돋보기 툴
- Ctrl + Alt + Space Bar : 축소 돋보기 툴

03 색상 모드, 화면 조절

01 | Color Mode

색상 모드에서 오브젝트의 내부 면 색과 외곽선의 색을 지정할 수 있고, 서로의 색을 바꿀 수 있으며 기본 값으로 복원도 할 수 있는 기능을 담당하는 부분입니다.

❶ Fill(칠) : 오브젝트 내부 면 색을 지정하는 곳입니다.

❷ Stroke(선) : 오브젝트 선 색을 지정하는 곳입니다.

❸ Swap Fill & Stroke(칠과 선 교체) : 클릭을 통해 면 색과 선 색이 서로 바뀝니다(Shift + X).

❹ Default Fill & Stroke(초기 값 칠과 선) : 클릭을 통해 색이 기본 값으로 복원됩니다(D).

❺ Color(색상) : 현재 면 색이 활성화 된 것인지 선 색이 활성화 된 것인지 확인할 수 있습니다(,).

❻ Gradient(그라데이션) : 면에 적용된 그라데이션을 확인할 수 있습니다(.).

❼ None(없음) : 면과 선에 적용된 색을 삭제하여 투명하게 만듭니다(/).

02 | Change Screen Mode

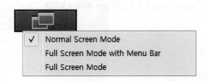

- Normal Screen Mode(표준화면 모드) : 일러스트레이터를 열었을 경우 일반적으로 사용되는 초기화면입니다.
- Full Screen Mode with Menu Bar(메뉴 바와 전체화면 모드) : 일반적인 화면보다 조금 넓게 사용하기 위해 메뉴 바와 작업창만 볼 수 있습니다.
- Full Screen Mode(전체화면 모드) : 화면을 가장 넓게 사용하기 위한 풀 스크린 화면입니다.

03 패널

01 패널의 사용법

일러스트레이터에는 다양한 패널이 있고 툴 패널과 함께 작업을 도와줍니다. 용도에 따라 [Window] 메뉴를 클릭하여 다른 그룹으로 바꿔 사용할 수 있고 패널을 각각 분리하거나 처음 상태로 되돌릴 수 있습니다.

01 | Color 패널 F6

오브젝트의 면색과 선색을 선택할 수 있고 색을 스포이트로 찍어서 바로 선택할 수 있고 마우스로 조절점을 드래그하여 색을 설정할 수 있으며 색의 값을 직접 입력할 수도 있습니다.

기적의 TIP

CMYK모드의 작업창을 만들었는데 RGB 모드의 색으로 작업을 하고 싶을 때 오른쪽의 내림 버튼을 클릭하여 색상 모드를 바꿔 줄 수 있습니다.

02 | Color Guide 패널 Shift + F3

컬러링 작업 시 색상 선택을 도와주는 패널입니다.

03 | Swatches 패널

자주 사용하는 색들을 등록하거나 색상 견본 모음을 불러와 빠르게 컬러링 작업을 도
와줍니다. 색을 선택, 추가, 저장, 삭제할 수 있습니다.

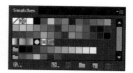

04 | Brushes 패널 F5 ★★

선의 종류나 기타 효과를 변경할 수 있어 다양한 효과를 표현할 수 있습니다.
'Brush Libraries(브러쉬 라이브러리)'와 함께 이용하면 다양한 아트 느낌을 줄 수
있습니다.

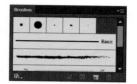

05 | Symbols 패널 Shift + Ctrl + F11

일러스트레이터에서 제공하는 벡터 아이콘 이미지를 'Symbol Libraries(심볼 라이
브러리)'에서 불러와 사용하거나 직접 만든 오브젝트를 심볼로 등록하여 사용할
수 있습니다. 심볼 툴 패널들을 함께 사용하면 효과적입니다.

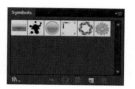

06 | Stroke 패널 Ctrl + F10 ★★

오브젝트의 선 굵기와 모서리 모양, 점선 테두리 등의 스타일을 설정합니다.

07 | Gradient 패널 Ctrl + F9 ★★

오브젝트에 두 가지 이상의 색을 자연스럽게 섞어 연속적으로 변화하는 느낌을
주는 패널입니다. 색상 슬라이더를 선택하면 자유롭게 그라데이션의 크기를 조절
하고 위치를 변경할 수 있습니다.

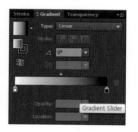

08 | Transparency 패널 Shift + Ctrl + F10

오브젝트가 서로 겹쳐 있을 때 투명도나 색상혼합 모드 등 다양한 효과를 줄 수
있는 패널로 클리핑 마스크를 만듭니다.

09 | Appearance 패널 [Shift]+[F6]

오브젝트에 적용되어 있는 효과를 한눈에 확인할 수 있는 패널로 면과 선을 추가하여 중복적으로 효과를 줄 수 있습니다.

10 | Graphic Styles 패널 [Shift]+[F5]

재사용 가능한 스타일을 저장하여 오브젝트에 적용하는 방법입니다.

> **기적의 TIP**
>
> Option 또는 [Alt]를 누른 채 원하는 그래픽 스타일을 클릭하면 실제로 덮어쓰지 않고도 기존 모양에 그래픽 스타일을 추가할 수 있습니다. 이러한 방식은 매우 복잡한 스타일을 만드는 데 효율적입니다.

11 | Layers(레이어) 패널 [F7]

레이어를 만들거나 삭제하고 순서를 변경하는 등 레이어에 관련된 작업을 할 수 있는 패널입니다.

> **기적의 TIP**
>
> [File] 〉 [Export]를 선택하여 나오는 대화상자에서 파일형식을 PSD로 저장하면 레이어를 그대로 포토샵으로 가져갈 수 있습니다.

12 | Transform패널 [Shift]+[F8]

기준 위치에 다른 오브젝트의 크기와 각도, 위치 이동을 수치를 입력하여 변형할 수 있는 패널입니다.

13 | Align 패널 [Shift]+[F7] ★★

선택한 오브젝트들을 아트보드, 혹은 선택영역을 기준으로 정렬, 배열합니다. Align(정렬) 항목은 두 개 이상의 오브젝트가 선택되어 있어야 결과를 확인할 수 있으며, Distribute(분포) 항목은 세 개 이상의 오브젝트가 선택되어 있어야 결과를 확인할 수 있습니다.

14 | Pathfinder 패널 [Shift]+[Ctrl]+[F9] ★★

겹쳐있는 두 개 이상의 오브젝트들을 합치거나 나눠주어 새로운 형태의 오브젝트를 만들 수 있는 패널로 빠른 작업을 하는 데 큰 도움이 되는 패널입니다.

15 | Navigator 패널

화면을 확대하거나 축소하여 볼 수 있고 화면보다 큰 이미지일 경우 이미지의 위치를 쉽게 알 수 있습니다.

16 | Info 패널 [Ctrl]+[F8]

현재 마우스가 위치한 곳의 색상 정보와 거리, 각도, 좌표를 나타내고 선택한 오브젝트의 위치와 크기 정보를 보여줍니다.

17 | Character 패널 [Ctrl]+[T] ★★

[Window] 〉 [Type]에 속해있으며 글자체와 글자 크기, 행간, 자간, 회전 각도를 변경하고 조절하며 밑줄 긋기 등 글자에 관련된 여러 옵션 등을 설정합니다.

18 | Paragraph 패널 [Alt]+[Ctrl]+[T] ★☆

[Window] 〉 [Type]에 속해있으며 입력한 문장의 정렬 방식과 들여쓰기, 단락 간격 등을 지정할 수 있습니다.

19 | Opentype 패널 [Alt]+[Shift]+[Ctrl]+[T]

[Window] 〉 [Type]에 속해있으며 오픈타입 서체를 활용하여 입력한 글자에 특수 효과를 줄 수 있습니다.

20 | Actions 패널

이미지에 반복적인 작업을 해야 할 경우 작업 순서를 기록해 두고, 한 번의 클릭으로 여러 이미지에 같은 명령을 적용하여 작업 시간을 단축할 수 있습니다.

21 | Links 패널

[File] 〉 [Place]를 선택하여 작업창에 불러 온 비트맵 이미지를 관리할 수 있는 패널입니다. 외부 프로그램에서 수정된 이미지를 갱신하거나 새로운 이미지로 대치할 수 있습니다.

22 | Document Info 패널

현재 열려있는 파일의 아트보드의 정보를 표시하는 패널로 아트보드의 파일 이름, 색상, 크기 등 정보를 보여줍니다.

23 | Attributes 패널 [Ctrl] + [F11]

오버 프린트 옵션을 제어해 웹 디자인에 쓰일 URL을 설정하거나 출력물의 상태를 최적화하는 기능을 담고 있습니다.

24 | Magic Wand 패널

자동 선택 툴 패널의 옵션 기능이 담겨 있습니다. 속성이 비슷한 오브젝트들을 쉽게 선택할 수 있습니다.

25 | Separations Preview 패널

출력물을 인쇄하기 전 미리 분판을 보고 어떻게 나타나는지 확인할 수 있습니다.

26 | Character Styles 패널

[Window] > [Type]에 속해있으며 글자에 적용되어 있는 서체, 글자 크기, 글자 색 등의 글자 스타일을 저장해두고 다른 글자에 바로 적용시켜 작업 시간을 단축시킬 수 있습니다. Character Style Options(글자 스타일 속성) 대화상자에서 글자 스타일을 새로 만들거나 저장해두고 활용할 수 있습니다.

27 | Paragraph Styles 패널

[Window] > [Type]에 속해있으며 문장의 단락 속성을 설정합니다. 원하는 문장을 하나의 스타일로 저장하여 단락 속성을 적용하는 패널로 빠르고 쉽게 문장의 단락 속성을 적용할 수 있어 작업 시간을 단축시킵니다.

28 | Glyphs 패널

[Window] > [Type]에 속해있으며 특정 글꼴(서체)에 대한 모든 글자 모양을 볼 수 있는 패널로 한글, 숫자, 영글자, 한자, 특수글자 등을 찾아서 쉽게 입력할 수 있습니다.

29 | Tabs 패널 [Shift]+[Ctrl]+[T]

[Window] > [Type]에 속해있으며 한글 워드프로세서에도 있는 기능으로 탭의 도표나 문단의 간격 조절, 배열 등 정밀한 작업 시 사용합니다. 이 기능을 이용하여 도표 제작을 편리하게 할 수 있습니다.

30 | Variables 패널

데이터 소스 파일(CSV 또는 XML 파일)을 가져와서 여러 가지 변형을 쉽게 생성할 수 있습니다. 예를 들어 데이터 병합 기능을 사용하여 출력할 문서에 수백 개의 템플릿 변형을 빠르고 정확하게 생성할 수 있습니다.

31 | SVG Interactivity 패널

Adobe와 IBM, SUN이 합작 개발한 SVG 파일 포맷은 플래시 파일 포맷에 대항
해 새롭게 선보인 포맷 방식입니다. SVG 파일을 웹에서 연동할 때 다른 효과를
포함하기 위해 자바 스크립트를 사용한 명령어를 구성할 수 있어 일러스트레이터
와 자바 스크립트 간에 상호 명령 추가가 가능한 편리한 패널입니다.

32 | Flattener Preview 패널

색상, 중복, 인쇄, 혼합물에 대한 옵션을 설정합니다.

---

04 시험에 자주 나오는 기능 따라하기

01 패턴 만들기

특정 이미지를 반복적으로 넣는 것을 말하며, 시험마다 빠지지 않고 나오는 비중이 높은 부분입니다. 만들
어 둔 오브젝트를 패턴 이미지로 등록하여 상용할 수도 있고, 다양한 종류의 패턴 예제가 담겨 있는 패턴
라이브러리를 이용하여 화려하고 세련된 이미지를 연출할 수 있습니다.

01 | 새 작업창 설정하기

[File] > [New]를 선택합니다. [New Docu-
ment] 대화상자에서 'Width, Height : 30pt,
Units : Points'로 설정하고 [OK] 버튼을 클
릭합니다.

02 | Zoom Tool 사용

'Zoom Tool'로 아트보드를 클릭하여 작업창을 적당히 확대 시킵니다. [View] > [Show Rulers]를 선택하고 눈금자를 보이게 한 후 드래그하여 안내선을 그려줍니다.

03 | 원 그리기

'Ellipse Tool'로 적당한 크기의 원을 그린 후 'Selection Tool'로 안내선을 선택하고 [Delete]를 눌러 안내선을 삭제합니다.

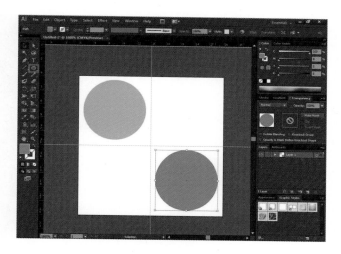

04 | 패턴 이미지 & 이름 등록하기

모든 원을 선택하여 [Window] > [Swatches] 상자에 드래그하여 넣습니다.

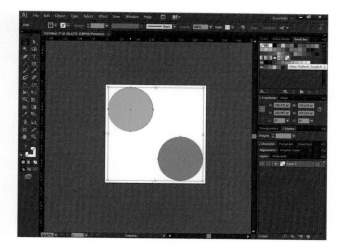

05 | 패턴 적용하기

새로운 작업창을 하나 만들고, 'Rectangle Tool'을 클릭합니다.

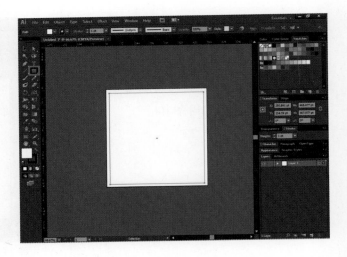

06 | 패턴 적용하기

면 색상에 Swatches에 추가한 패턴을 클릭하여 입힙니다.

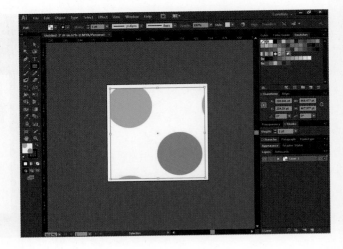

07 | 패턴 크기 변경하여 완성

'Scale Tool'을 더블클릭하고 'Scale : 30%, Options : Patterns 체크'하여 [OK] 버튼을 클릭합니다. 패턴 이미지의 크기가 50%로 축소되어 나타납니다.

🅕 기적의 TIP

Patterns에만 체크하면 사각형에 적용되어 있는 패턴 이미지만 크기가 변경됩니다.

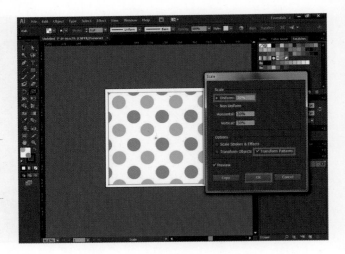

02 패스를 따라서 흘러가는 글자 만들고 편집하기

패스를 따라가는 글자는 심볼로고에 아주 많이 사용되는 기능입니다. Type On a Path Tool을 사용하여 패스를 따라 흘러가는 글자를 만들 수 있습니다.

01 | 패스 선 그리기

먼저 글자를 흐르게 할 패스를 만듭니다. 패스를 만드는 방법은 여러 가지가 있지만 'Spiral Tool'을 선택하여 패스를 만들겠습니다. 'Spiral Tool'을 클릭한 후 드래그하여 그려줍니다.

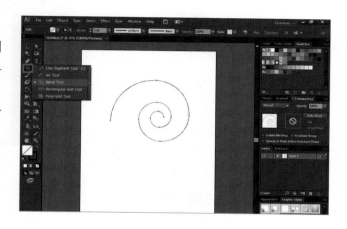

02 | 글자 입력을 위한 상태 변환 & 글자 입력

'Type On a Path Tool'을 클릭하고 나선형의 테두리 선에 마우스 포인터를 올려놓은 후 클릭하면 글자를 입력할 수 있는 상태가 됩니다. 패스를 따라서 글자를 입력하여 흐르는 글자를 만듭니다.

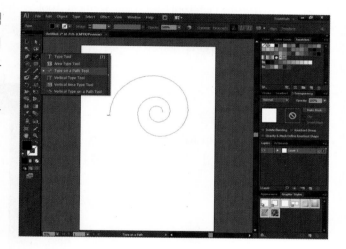

03 | 글자 입력 완료 후 수정

글자를 다 입력한 후에는 Ctrl 을 누른 채 빈 작업창을 클릭하여 완료합니다. 패스의 시작 부분, 가운데, 끝부분에 세 개의 안내선이 나타나는데, 이 선을 조절하여 글자를 이동시킬 수 있습니다.

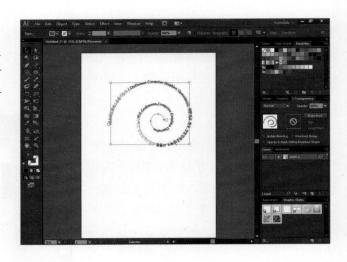

03 격자를 이용한 전통 문양 만들기

Outline Stroke 기능은 'Pen Tool'이나 'Line Segment Tool'로 만들어진 결과물을 일반적인 오브젝트로 만들어주는 기능입니다. 'Pen Tool'이나 'Line Segment Tool'로 라인을 그린 다음 그려진 라인에 그라데이션, 변형, 패스파인더 등의 기능을 사용합니다. 라인으로 다음과 같은 전통 문양을 만들 경우 격자에 기준하여 선을 그리면 정확하고 빠르게 제작할 수 있습니다.

01 | 격자 나타내기

[View] 〉 [Show Grid]를 선택하여 격자를 나타내고, [View] 〉 [Snap to Grid]와 [Snap to Point]를 선택하여 작업 시 포인트가 격자에 달라붙도록 합니다.

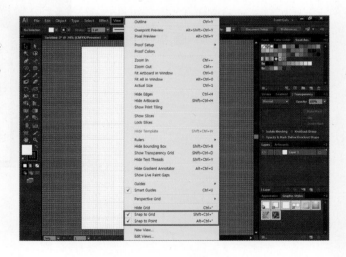

02 | 펜 툴로 라인그리기

'Pen Tool'을 클릭하여 격자에 맞게 포인터를
클릭하면서 라인을 그려 나갑니다.

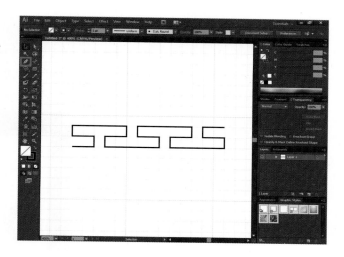

03 | 라인의 두께와 색 적용하기

그려진 라인을 선택하고 Stroke 패널에서
'Weight : 4pt'로 입력합니다. 일단 임의의 색
을 적용한 다음 [Object] > [Path] > [Outline
Stroke]를 선택하여 면으로 만들어줍니다.

(B) 기적의 TIP

[Outline Stroke]는 선을 면으로 만듭니다.

04 | 문양 수정하고 효과 적용하기

라인에 두께를 적용하면 라인을 중심으로 두
께가 설정되기 때문에 라인의 끝부분에는 두
께가 적용되지 않습니다. 그러므로 'Direct
Selection Tool'을 클릭하여 끝부분의 포인트
두 개를 해당부분의 문양을 맞춰 드래그합니
다. 이렇게 Outline Stroke로 만들어진 오브
젝트에는 그라데이션, 패턴 등의 다양한 효
과를 적용할 수 있습니다.

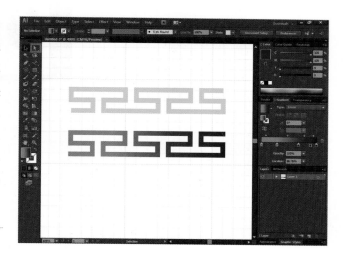

(B) 기적의 TIP

이때 [View] > [Snap to Grid]를 선택하여 해제 시킨 후, 끝
처리를 해줘야 문양이 맞춰집니다.

04 Create Outline 사용하기

Create Outline기능은 'Type Tool'로 입력된 글자를 일반적인 면으로 만들어주는 기능이며, 심볼마크와 로고 타입은 시험에서 각 회마다 출제될 정도로 비중이 높은 항목입니다.

01 | 글자 툴로 글자 입력하기

'Type Tool'을 클릭하여 DESIGN을 입력합니다.

> **기적의 TIP**
>
> 크기와 두께를 고려하여 입력합니다.

02 | Create Outline 적용하기

글자를 선택한 다음 [Type] 〉 [Create Outline] 메뉴를 선택하여 글자를 일반적인 오브젝트로 변경합니다.

> **기적의 TIP**
>
> Ctrl + Shift + O : Create Outline

03 | Pathfinder 패널 사용하기

선색만으로 원을 그린 후 [Object] > [Path] > [Outline Stroke] 메뉴를 선택하여 선을 면으로 만듭니다. 다음 모든 오브젝트를 선택하고 Pathfinder 패널의 'Pathfinders : Divide'를 클릭하면 겹쳐있던 부분이 각각 분리가 됩니다. 마우스 오른쪽 버튼을 눌러 'Ungroup' 한 후 'Selection Tool'을 클릭하여 가운데 가로지르는 오브젝트들을 선택하고 삭제합니다.

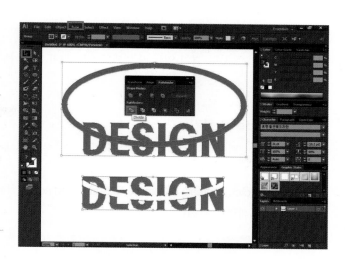

기적의 TIP

Pathfinder 패널이 보이지 않는다면 [Window] > [Pathfinder]를 선택하면 됩니다.

04 | 색 적용하기

'Group Selection Tool'을 클릭하여 위쪽의 오브젝트와 아래쪽의 오브젝트를 각각 선택해서 색을 적용합니다. 이와 같이 Create Outline과 Pathfinder 패널을 적절히 사용하면 간단히 로고를 제작할 수 있습니다.

05 Pathfinder 패널 자세하게 알기

Pathfinder 패널은 서로 겹쳐 있는 오브젝트들을 합치거나 나눠 새로운 형태의 오브젝트를 만드는 기능입니다.

01 | Pathfinder 기본기능

• Shape Modes : 적용 후 [Expand] 버튼을 클릭하여 완성된 오브젝트로 만듭니다.

① ▣ Unite(Alt-click to create a Compound Shape and add to shape area) : 겹쳐진 두 개 이상의 오브젝트들을 하나의 오브젝트로 합칩니다.

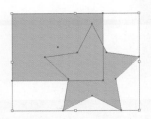
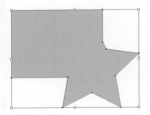

② ▣ Minus Front(Alt-click to create a Compound Shape and subtract from shape area) : 뒤에 위치한 오브젝트에서 앞에 위치한 오브젝트의 면을 삭제합니다.

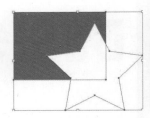

③ ▣ Intersect(Alt-click to create a Compound Shape and intersect shape areas) : 선택된 오브젝트 중에서 겹쳐지는 면을 제외한 부분을 삭제합니다.

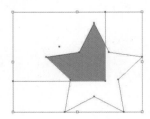
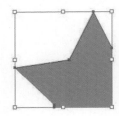

④  Exclude(Alt-click to create a Compound Shape and exclude overlapping shape areas) : 겹쳐 있는 오브젝트의 교차되는 부분만을 뺍니다.

 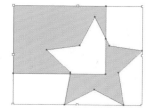

• Pathfinder : 적용하면 그룹화 되어 있어 개별 선택이 불가능하므로 반드시 [Object] > [Ungroup]을 실행합니다.

①  Divide : 서로 겹친 면을 분할하여 각각의 오브젝트로 만듭니다.

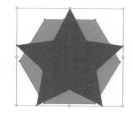 

②  Trim : 서로 겹쳐져 있어 볼 수 없는 부분을 삭제합니다.

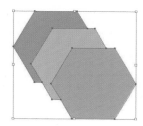 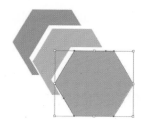

③  Merge : Trim과 같이 보이지 않는 부분은 삭제되나 면색이 같으면 하나로 합칩니다.

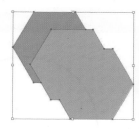 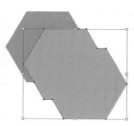

④ ■ Crop : 가장 위에 위치한 오브젝트와 겹쳐지는 부분만 남깁니다.

 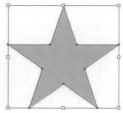

⑤ ■ Outline : Divide와 같은 기능을 하지만, 외곽선만 보여줍니다.

 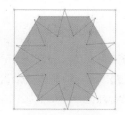

⑥ ■ Minus Back : 가장 위에 위치한 오브젝트만 남기고 교차되는 모든 부분을 뺍니다.

06 Align 패널을 이용한 태극 문양 만들기

정렬(Align) 패널은 선택한 오브젝트들을 특정 위치나 오브젝트를 기준으로 정렬하는 기능입니다.

01 │ 원 그리기

'Ellipse Tool'을 클릭하고 빈 작업창을 클릭합니다. 'Width, Height : 80pt'로 설정하고 [OK] 버튼을 클릭합니다.

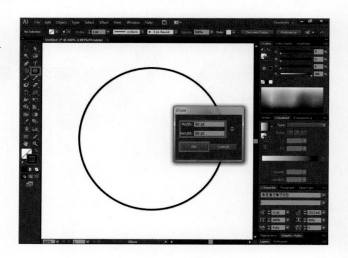

02 | Scale Tool 적용하기

원이 선택된 상태에서 'Scale Tool'을 더블클릭합니다. 'Scale : 50%'를 입력한 후, [Copy] 버튼을 클릭하면 작은 원이 새로 생깁니다.

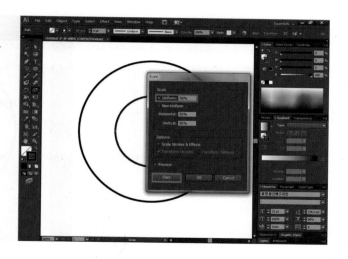

03 | Align 패널 사용하기

두 개의 원을 함께 선택한 후 Align 패널에서 'Vertical Align Center'를 선택하여 수평방향 가운데 정렬을 합니다.

🅑 기적의 TIP

Align 패널이 보이지 않는다면, [Window] 〉 [Align]을 선택하면 됩니다.

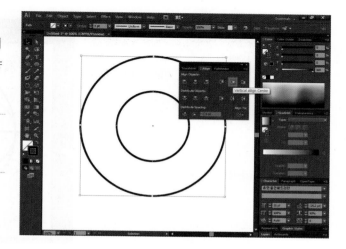

04 | 수평 정렬 복사하기

안쪽의 작은 원만 선택하여 [Shift]+[Alt]를 누르고 오른쪽으로 드래그하여 복사합니다.

🅑 기적의 TIP

[Shift]를 누르고 복사하는 이유는 수평 정렬 복사하기 위함입니다.

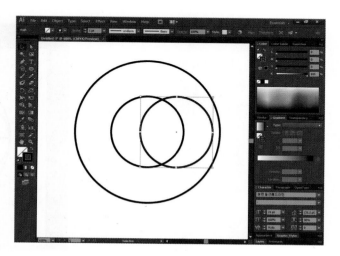

05 | 정렬하기

큰 원과 왼쪽의 작은 원을 선택 후 'Horizontal Align Left'를 클릭하여 왼쪽 정렬합니다. 큰 원과 오른쪽의 작은 원을 선택 후 'Horizontal Align Right'를 클릭하여 오른쪽 정렬합니다. 그 다음 모든 원을 선택하고 마우스 오른쪽 버튼을 클릭하여 [Group]을 선택하여 그룹 지정합니다.

⑬ 기적의 TIP

Ctrl + G : Group

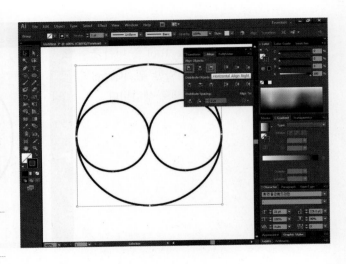

06 | 직선 그리기

'Line Segment Tool'을 클릭하여 수평의 직선을 하나 그립니다. 그룹으로 만들었던 원과 함께 선택하여 'Vertical Align Center'를 선택하여 수평 정렬을 합니다.

⑬ 기적의 TIP

직선을 그릴 때 Shift 를 누른 채 드래그를 하면 수평으로 그려집니다.

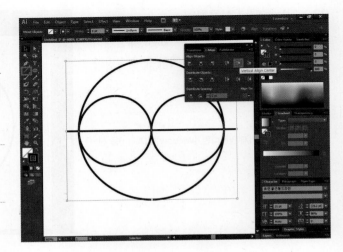

07 | Divide기능 사용하기

Pathfinder 패널에서 'Pathfinders : Divide'를 클릭하여 도형을 쪼개어 줍니다. 도형을 선택하여 마우스 오른쪽 버튼을 클릭하고 'Ungroup'을 합니다.

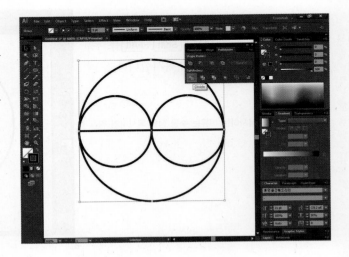

08 | 색 채우기

'Selection Tool'을 클릭하여 오른쪽 원과 반으로 나눈 아래쪽 도형을 선택하여 'Shape Modes : Unite'를 클릭하고 파랑색으로 채워줍니다. 동일한 방법으로 위쪽도 적용하여 빨강색으로 채워줍니다.

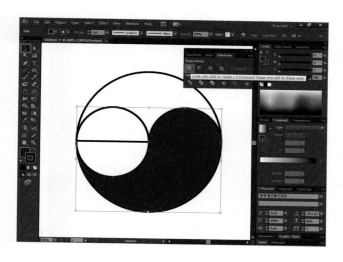

07 Ctrl + D 활용한 꽃 만들기

Ctrl + D는 일러스트에서 아주 유용하게 쓰이는 기능으로서 바로 전에 실행한 명령을 반복 실행하는 단축 기능입니다. Round Corners는 패스와 패스가 만나는 부분을 둥글게 변형함으로써 오브젝트를 부드럽게 표현하는 기능입니다.

01 | Gradient 색 지정하기

지시사항에서 정확한 색의 값이 제시되지 않은 경우에는 스스로 판단하여 색의 값을 임의로 결정하여야 합니다. 툴 패널의 Color Mode에서 'Gradient' 아이콘을 클릭합니다.

> **기적의 TIP**
>
> Gradient 패널에서 왼쪽 색 'C : 0, M : 68, Y : 30, K : 0' 오른쪽 색 'C : 0, M : 100, Y : 100, K : 0', 'Type : Linear, Angle : 90'으로 설정하고 외곽선 색은 'None'으로 설정합니다.

02 | 원 그리기

'Ellipse Tool'을 클릭한 상태에서 작업창에 마우스를 클릭하고 'Width : 10pt, Height : 30pt'를 입력하여 원을 만듭니다. 'Convert Anchor Point Tool'로 기준점을 클릭하여 꽃잎 모양을 만들어 줍니다.

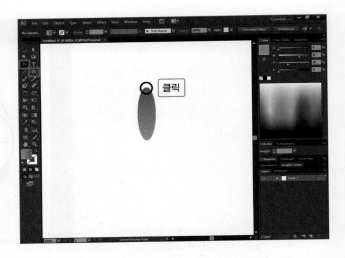

03 | 50° 회전하여 복사하기

'Rotate Tool'을 클릭합니다. Alt 를 누른 상태로 중심점에 클릭한 후 'Angle : 50°'를 입력하고 [Copy] 버튼을 클릭합니다. Ctrl + D 를 이용하여 꽃 모양이 만들어질 때까지 20번 정도 반복 복사합니다.

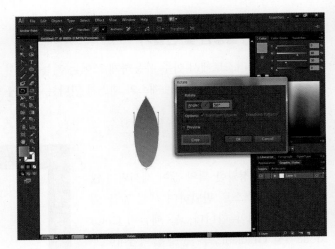

04 | 색 지정 및 별 그리기

꽃 안쪽의 뚫린 부분을 채우기 위해 'Star Tool'을 클릭하여 색을 C : 0, M : 25, Y : 100, K : 0으로 설정합니다.

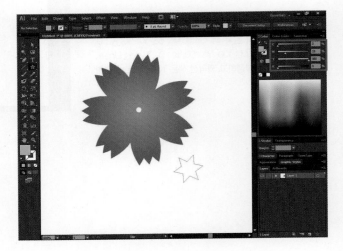

05 | 꼭짓점 늘리기

마우스로 적당한 크기만큼 드래그한 상태에서 [↑]를 눌러주면 [↑]를 누를 때마다 꼭짓점이 늘어납니다. 원하는 모양이 되면 누르고 있던 마우스에서 손을 뗍니다.

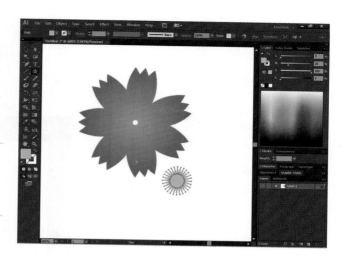

06 | Stylize 기능 이용하기

모서리를 둥글게 하기 위해 [Effect] 〉 [Stylize] 〉 [Round Corners]를 선택하고 'Radius : 10pt'로 설정합니다.

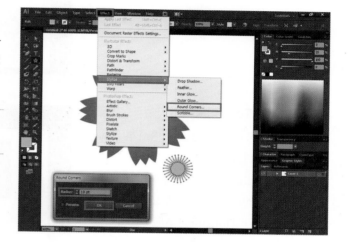

07 | 꽃 완성

방금 만든 도형을 꽃 가운데로 가져다 놓으면 꽃이 완성됩니다. 꽃잎과 줄기를 그려 넣으면 더 예쁜 꽃이 완성됩니다.

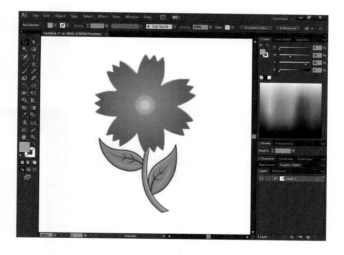

08 Pathfinder 패널을 이용한 마크 그리기

마크 도안이 출제되었을 때 'Pen Tool'로만 마크를 도안하기에는 매우 어렵습니다. 이때 도형 툴과 Path-finder 패널을 이용하여 쉽게 만들 수 있습니다.

01 | Star Tool 이용하기

'Star Tool'을 클릭하여 작업창을 클릭한 후 'Radius 1 : 50pt, Radius 2 : 35pt, Points : 16'으로 설정하고 [OK] 버튼을 클릭합니다.

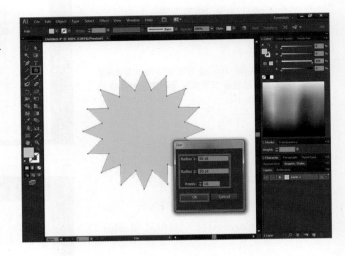

02 | Ellipse Tool 이용하기

'Ellipse Tool'을 클릭하고 선색만으로 Shift 를 누른 채 드래그하여 정원을 만들고 Stroke 패널에서 'Weight : 5pt'로 설정합니다. 별과 원을 모든 선택하고 Align 패널에서 'Vertical Align Center'와 'Horizontal Align Center'를 차례로 클릭하여 중앙으로 정렬시킵니다.

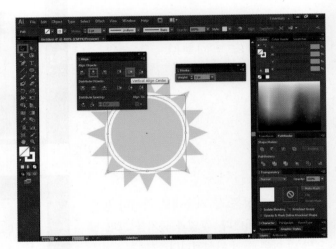

03 | Outline Stroke 적용하기

원을 선택하고 [Object] 〉 [Path] 〉 [Outline Stroke] 메뉴를 선택하여 오브젝트로 변경합니다.

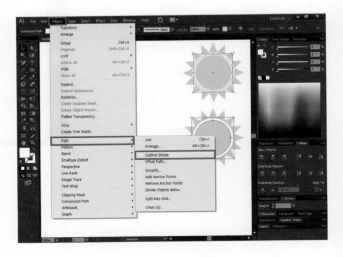

04 | Pathfinder 패널 적용하기

별과 원을 모두 선택한 후 Pathfinder 패널에서 'Shape Modes : Minus Front'를 클릭하여 원 부분을 삭제합니다. 'Direct Selection Tool'을 클릭하여 색을 변경합니다.

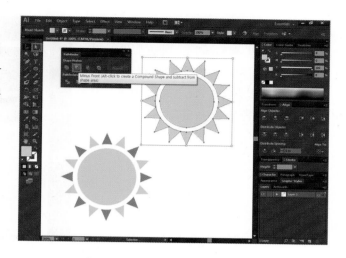

05 | Scale Tool 이용하기

모든 오브젝트를 선택하고 Ungroup을 시켜줍니다. 원을 선택한 후 Scale Tool을 더블클릭하여 대화 상자에서 'Scale : 80%'로 설정하고 [Copy] 버튼을 클릭합니다. 반복해서 작은 원을 하나 더 만듭니다.

06 | Pathfinder 패널 적용하기

큰 원과 작은 원을 Pathfinder 패널에서 'Shape Modes : Minus Front'를 클릭하여 중간 부분을 없애 줍니다.

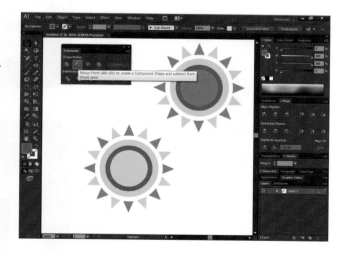

07 | Gradient 패널 적용하기

작은 원을 그린 후 Gradient 패널에 색을 지정하고 'Type : Radial'을 선택합니다. 이렇게 도형 툴들을 이용하면 Pen Tool을 이용하지 않고서도 마크를 만들 수 있습니다.

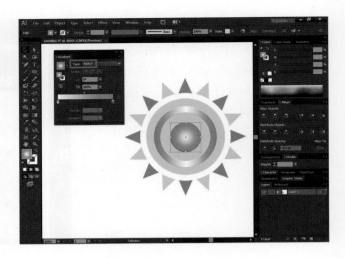

09 그래프 만들기

실기시험에서 그래프 작업은 광고, 사보, 구인기사 등의 작업에 주로 출제되고 있습니다. 일러스트레이터에서는 총 아홉 가지 종류의 그래프를 만들 수 있으며, 그래프 기능을 이용하여 쉽게 만들 수 있습니다.

01 | 그래프 크기 설정

'Column Graph Tool'을 클릭하고 작업창을 클릭하면 Graph 대화상자가 나타납니다. 'Width : 450pt, Height : 350pt'를 입력하고 [OK] 버튼을 클릭합니다.

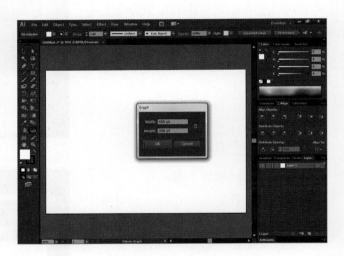

02 | 데이터 입력

대화상자에 한 칸 띄고 차례대로 응시인원, 2010년 : 50000, 2011년 : 65000, 2012년 : 12000, 2013년 : 20000을 입력하고 [Apply] ✓ 버튼을 클릭한 후 대화 상자를 닫습니다.

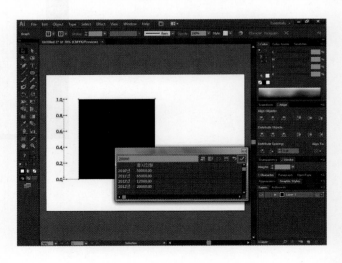

03 | 막대 그래프 색상 변경

'Direct Selection Tool'로 그래프를 선택하고
면색과 선색을 수정할 수 있습니다.

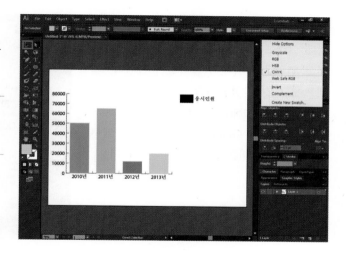

04 | 데이터 수정

'Selection Tool'을 클릭하여 그래프를 선택하
고 [Object] 〉 [Graph] 〉 [Data]를 선택합니
다. 대화 상자에 2011년 : 85000, 2012년 :
15000, 2013년 : 23000을 수정하고 [Apply]
✔ 버튼을 클릭한 후 대화 상자를 닫습니다.

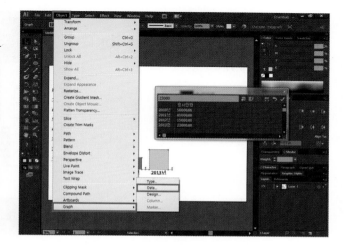

05 | 그래프의 종류 변경

[Object] 〉 [Graph] 〉 [Type]를 선택하여
[Graph Type] 대화상자에서 'Type : Stacked
Bar'를 하고 [OK] 버튼을 클릭합니다. 그래
프의 종류가 변경됩니다.

06 | 그래프 선택

막대 그래프(Column)로 변경한 후 연필.ai를
열고 연필을 복사해서 붙여넣기 합니다. 그
래프에 쓰일 연필이미지를 'Selection Tool'
로 선택하고 [Object] > [Graph] > [Design]
를 선택합니다. Graph Design 대화상자에서
[New Design] 버튼을 클릭합니다.

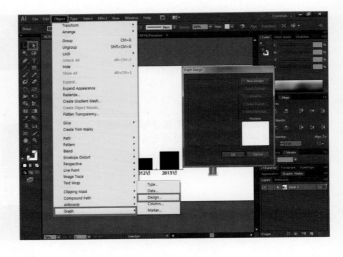

07 | 그래프 디자인 등록

연필 이미지가 등록된 것을 확인한 후 [OK]
버튼을 클릭합니다.

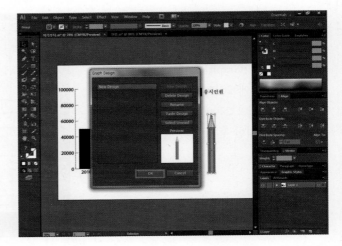

08 | 그래프 이미지 적용

'Selection Tool'을 클릭하여 그래프를 선택
하고 [Object] > [Graph] > [Column]를 선택
합니다. Graph Column 대화상자에서 'New
Design'을 선택하고 'Column Type : Uni-
formly Scaled'를 선택한 후 [OK] 버튼을 클
릭합니다.

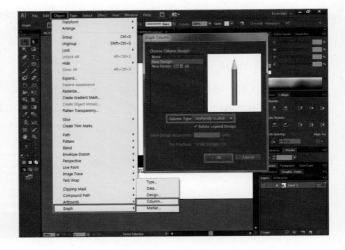

09 | 그래프 완성

그래프의 이미지가 등록했던 연필 이미지로 변경됩니다. 적용된 그래프 디자인에 색을 적용하기 위해서는 'Direct Selection Tool'을 클릭합니다.

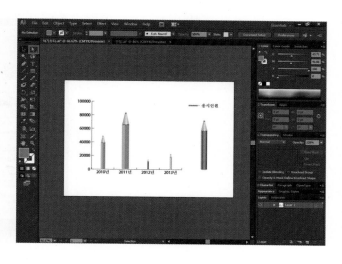

10 고급스러운 느낌을 표현하는 라인 블렌드 만들기

Blend를 이용하면 두 개 이상의 오브젝트가 자연스럽게 변화하는 형태를 만들 수 있고 서로 모양과 색이 다른 오브젝트도 만들 수 있습니다. Blend 기능은 정확한 개수의 문양이나 배경, 오브젝트를 만드는 데 아주 유용한 기능을 제공하기 때문에 작업의 능률을 높여 주는 역할을 합니다.

01 | 다양한 곡선 그리고 설정

'Pencil Tool'이나 'Pen Tool'로 자유 곡선을 그립니다. Stroke 패널에서 'Weight : 4pt'로 설정하고 색을 변경합니다.

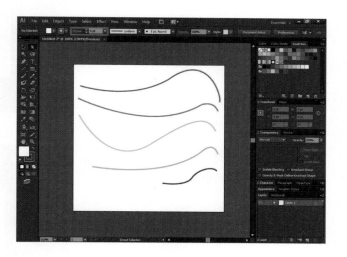

02 | Blend 만들기

모든 선을 선택하고 [Object] 〉 [Blend] 〉 [Make]를 선택하여 블렌드를 만듭니다.

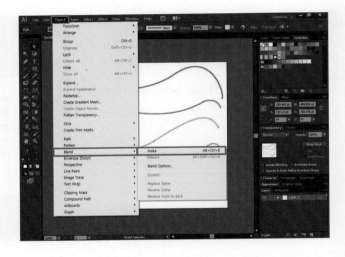

03 | Blend 재설정

Blend를 재설정하기 위해 [Object] 〉 [Blend] 〉 [Blend Options]를 선택합니다. 'Spacing : Specified Steps, 20'으로 설정하고 [OK] 버튼을 클릭합니다.

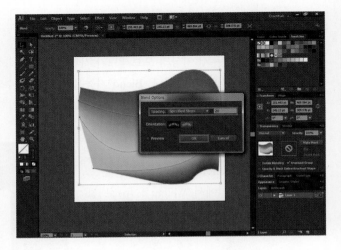

04 | 선 굵기 조절하여 완성

Stroke 패널에서 'Weight : 3pt'로 설정하고 마무리합니다.

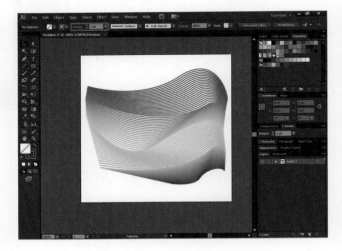

Photoshop CS6

01 기본 화면 구성

❶ **메뉴 바** : 포토샵의 명령들을 풀다운 형식으로 표시해 줍니다. 거의 모든 기능은 이 메뉴 바에 있는 파일 관리, 이미지 편집, 색상보정, 레이어, 필터 등을 선택해서 사용할 수 있습니다.

❷ **옵션 바** : 툴 패널에서 현재 사용하고 있는 툴을 클릭할 때마다 각각의 맞추어진 옵션으로 바뀝니다.

❸ **툴 패널** : 포토샵에서 사용하는 각종 툴을 모아놓은 곳으로 모든 작업은 툴 패널에서부터 시작되므로, 각 툴의 역할과 사용법을 충분히 익혀야 됩니다.

❹ **작업창** : 윈도우 형식의 작업 공간으로 실제 작업이 이루어지는 영역입니다.

❺ **패널** : 툴 패널과 연계되어 기능을 쉽게 사용할 수 있도록 도와줍니다. 총 24개의 패널로 구성되어 있고 툴 패널의 기능에 다양한 효과를 주는 역할을 합니다.

❻ **상태표시줄** : 현재 포토샵이 사용 중인 파일의 크기와 선택한 이미지의 파일 정보 등 작업창에 대한 전반적인 정보가 표시됩니다.

01 툴 패널의 구조

포토샵에서 사용하는 각종 툴을 하나의 박스 형태로 꼭 필요한 기능들을 모아놓은 공간입니다. 툴 패널은 항상 표시되는 기본 툴과 숨어 있는 하위 툴로 구성되어 있고, 단축키를 사용하면 훨씬 수월하게 작업할 수 있습니다.

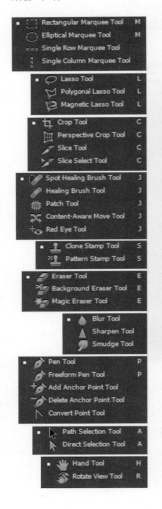

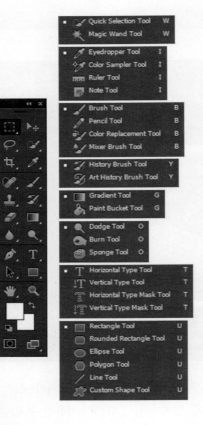

02 드로잉 툴의 사용법

01 ㅣ Rectangular Marquee Tool 🔲 ★★

선택영역을 사각형 모양으로 지정할 때 사용합니다. Shift 를 누른 채 드래그하면 정사각의 형태로 선택을
할 수 있습니다.

02 ㅣ Elliptical Marquee Tool ⭕ ★★

선택영역을 원형으로 동그랗게 선택하거나 타원으로 선택할 때 사용합니다. Shift 를 누른 채 드래그하면
정원 형태로 선택을 할 수 있습니다.

① Add to Selection

기존의 선택영역이 있는 상태에서 새로운 선택영역을 추가하기 위해서는 Shift 를 누른 상태에서 선택하면
선택영역을 계속 추가할 수 있습니다.

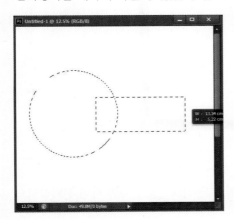 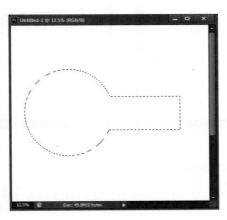

② Subtract from Selection

기존의 선택영역에서 새로 드래그한 영역을 선택영역에서 삭제할 경우 Alt 를 누르고 드래그합니다.

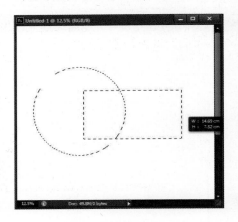 

③ Intersect with Selection

기존의 선택영역과 새로운 선택영역에서 중복 부분만 선택하기 위해서는 Shift + Alt 를 누르고 드래그합니다.

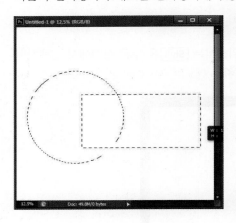 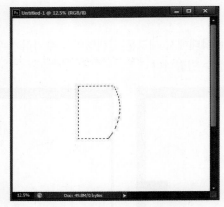

03 | Single Row Marquee Tool

가로줄의 1픽셀을 선택하는 툴입니다. 클릭하는 지점의 가로축상의 모든 픽셀들을 클릭만 하면 선택영역으로 지정할 수 있습니다.

04 | Single Column Marquee Tool

세로줄의 1픽셀을 선택하는 툴입니다. 클릭하는 지점의 세로축상의 모든 픽셀들을 클릭만 하면 선택영역으로 지정할 수 있습니다.

05 | Move Tool ⊕ ★★

선택영역을 이동하거나 레이어 복사 또는 선택한 영역을 복사하는 툴입니다. 이동 툴로 이미지의 일부를 이동하면 나머지 부분은 배경색으로 채워집니다.

① 선택영역의 이미지 이동하기

② 선택영역의 이미지 복제하기

선택된 강아지 이미지를 이동 툴로 클릭한 후 Alt 를 누른 채 드래그하면 이미지가 복제됩니다.

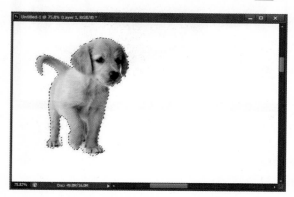

06 | Lasso Tool ⊘ ★★

선택하기 어려운 자유 곡선을 선택하는 툴로, 드래그하는 모양대로 선택할 수 있습니다.

07 | Polygonal Lasso Tool ⊻ ★★

다각형 형태의 이미지를 선택할 때 사용합니다. 원하는 이미지를 마우스로 클릭하여 선택영역을 다각형 모양으로 지정합니다.

08 | Magnetic Lasso Tool

이미지의 색과 명도차가 심한 부분의 경계를 따라서 선택영역을 자동으로 만들어 주는 툴입니다. **Alt**를 누른 채 드래그하면 직선으로 선택할 수 있습니다.

09 | Quick Selection Tool

빠른 선택 툴을 이용하면 단지 마우스로 클릭하는 것만으로 원하는 이미지를 선택할 수 있습니다. 빠른 선택 툴은 바깥쪽 경계부분을 자동으로 추적 및 확장하여 선택영역으로 지정해주는 툴입니다.

10 | Magic Wand Tool ★★

이미지의 색이 같거나 유사한 범위 내에서 자동으로 선택영역을 만드는 툴입니다.

> **기적의 TIP**
>
> 단색 배경일 경우 이미지를 선택하는 것보다 자동 선택 툴로 배경을 선택하고 [Select] + [Inverse]를 선택하여 반전시켜 이미지를 선택할 수 있습니다. **Shift**+**Ctrl**+**I** : Inverse

11 | Crop Tool

이미지의 특정한 부분을 남기고 나머지 부분은 잘라내는 툴입니다. 선택영역으로 지정된 곳은 바운딩박스가 생기는데, 각 조절점을 드래그하면 영역을 확장하거나 축소, 회전할 수 있고 자르고자 하는 이미지를 자름과 동시에 해상도를 조절할 수 있어 편리합니다. 선택영역을 지정한 다음 더블클릭하거나 **Enter**를 누르면 이미지가 절단됩니다.

① 이미지 잘라내기

자르기 툴로 드래그하면 모서리와 선의 중앙에 사각형의 바운딩박스가 생깁니다. 모서리에 마우스를 가져갔을 때 생기는 포인터는 확대와 회전을 할 수 있는 포인터로 설정된 만큼 이미지를 자를 수 있습니다. 키보드의 **Enter**를 눌러 이미지를 잘라 줍니다.

② 회전한 뒤 이미지 자르기

마우스 포인터가 대각선으로 나타나면 크기를 조절하며 구부러졌을 경우는 회전할 수 있다는 표시입니다. 키보드의 [Enter]를 눌러 이미지를 잘라 줍니다. 이미지는 사각형의 형태를 원칙으로 하기 때문에 회전을 했다고 해서 마름모꼴의 이미지가 되는 것은 아닙니다.

12 I Perspective crop Tool

원근감이 존재하는 이미지에서 원하는 부분을 투시 자르기 툴을 이용하여 각 모서리를 클릭 후 [Enter]를 누릅니다. 그러면 원근 및 각도가 보정된 이미지를 얻을 수 있습니다.

13 I Slice Tool

하나의 이미지를 여러 개의 독립된 형태로 저장할 수 있는 기능입니다. 웹페이지 제작에 있어서 이미지를 작게 분할하여 인터넷 상에서 이미지 로딩 속도를 줄여 줍니다.

14 I Slice Select Tool

분할 툴에 의해 잘려진 이미지의 분할된 영역을 선택, 이동하거나 크기를 재조정합니다.

15 | Eyedropper Tool

작업 이미지에서 색의 정보를 전경색이나 배경색으로 추출할 때 사용합니다. Alt 를 누른 채 클릭하면 추출한 색을 배경색으로 가져올 수 있습니다.

16 | Color Sampler Tool

이미지에서 클릭한 지점의 색상 정보를 코드 값으로 Info 패널에 표시합니다. 색을 비교 분석할 때 사용하면 편리하며 최대 4개의 색상 코드 값을 입수할 수 있습니다. 입수된 코드 값을 삭제 하려면 옵션 바의 [Clear] 버튼을 클릭합니다.

17 | Ruler Tool

이미지 내에서 각도, 길이에 대한 측정 정보를 옵션 바와 Info 패널에 표시합니다. 클릭한 다음 드래그하면 마우스가 이동한 간격만큼 각도나 길이가 측정됩니다.

18 | Note Tool

작업 중인 이미지에 글자를 입력할 수 있는 메모지를 만들어 다른 사용자에게 이미지에 관련된 참고 사항이나 정보를 제공합니다. 아이콘을 더블 클릭하면 메모를 확인할 수 있고 메모지의 색과 글쓴이의 이름은 옵션 바에서 설정할 수 있습니다.

19 | Spot Healing Brush Tool

사진의 반점과 같은 결함 등을 쉽게 제거할 수 있습니다. 제거할 영역 주변에서 자동으로 색, 질감, 명암 등을 분석하여 반점 등의 결함을 제거해 줍니다.

20 | Healing Brush Tool

이미지의 그림자, 빛, 질감 등의 속성을 손상시키지 않고 이미지를 보정할 수 있습니다.

21 | Patch Tool

선택영역이 있는 상태에서 복구 브러쉬 툴과 관련된 기능을 좀 더 섬세하게 작업을 할 때 쓰이는 툴입니다.

22 | Content-Aware Move Tool

선택된 영역의 객체를 원본 그대로 내가 원하고자 하는 위치에 드래그하면 이동되고 그 빈자리는 배경 주변과 어우러지도록 자연스럽게 합성하는 툴입니다.

23 | Red Eye Tool

사진을 찍을 때, 피사체의 망막에 플래시가 반사되는 현상 때문에 사진을 망치는 적목 현상을 쉽게 복구해 주는 기능을 합니다.

24 | Brush Tool ★★

이미지에 전경색으로 페인트 칠 하듯 그림을 그리는 기능을 하는 툴로 옵션 바의 Mode, Opacity, Flow의 설정에 따라 다양한 종류의 브러쉬를 적용할 수 있습니다.

▲ 눈 내리는 효과를 표현

25 | Pencil Tool

선 자체가 부드럽지 않고 계단 현상이 생겨 딱딱한 선을 그릴 때 사용합니다. 마우스가 움직인 방향으로 선이 그려지고, 옵션 바의 설정에 따라 다양한 효과를 나타낼 수 있습니다.

26 | Color Replacement Tool

특정 색을 지정한 후, 드래그하면 해당 색으로 대체되는 효과가 나타납니다.

27 | Mixer Brush Tool

원하는 사진을 불러와 혼합 브러쉬 툴로 칠하면 유화풍의 그림 효과를 표현할 수 있습니다.

28 | Clone Stamp Tool ★☆

이미지의 특정 부분을 다른 곳에 복제하는 툴입니다. 복제하려는 영역에 [Alt]를 누른 채 클릭하여 선택한 다음 원하는 위치에 드래그하면 이미지가 복제됩니다.

29 | Pattern Stamp Tool

원하는 이미지의 일부분을 미리 패턴으로 등록한 다음 적용합니다. 일단 등록된 패턴은 언제든지 다른 작업창에서 불러와 사용할 수 있습니다.

30 | History Brush Tool

작업 중인 이미지를 원본으로 되돌리는 기능으로 페인팅 작업 시 브러쉬로 칠한 부분만 원래 상태로 복구됩니다.

31 | Art History Brush Tool

이미지를 복구하면서 동시에 회화적인 브러쉬 효과를 표현합니다.

32 | Eraser Tool

페인팅 툴과 반대로 이미지의 일부를 지우는 툴입니다. Background 레이어에서 작업을 할 경우 지우개 툴로 삭제된 부분은 배경색이 채워지고, 레이어인 경우에는 투명으로 채워집니다.

33 | Background Eraser Tool

지우개 툴을 보완하여 작고 협소한 부분을 정교하게 이미지를 지울 때 사용합니다. 지워진 부분은 투명 상태가 되기 때문에 Background 레이어를 지울 때 배경 지우개 툴을 사용하면 자동으로 일반 레이어로 변형이 됩니다.

34 | Magic Eraser Tool

색이 같거나 유사한 범위 내의 색을 한 번에 지울 때 사용합니다. 지울 수 있는 영역의 크기는 옵션 바의 Tolerance에서 설정합니다.

35 | Gradient Tool ★★

두 가지 이상의 색을 자연스럽게 변해가는 효과를 적용할 때 사용합니다. 선택영역에 적용을 하면 선택영역에만 채워지지만 선택을 하지 않고 드래그하면 작업창 전체에 그라디언트가 적용 됩니다.

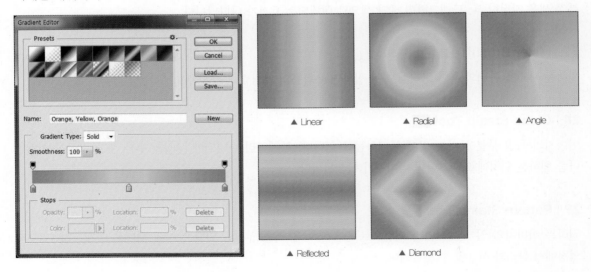

▲ Linear ▲ Radial ▲ Angle

▲ Reflected ▲ Diamond

36 | Paint Bucket Tool

이미지에 색이 같거나 유사한 범위 내의 색을 전경색이나 패턴으로 채우는 기능입니다.

37 | Blur Tool

이미지를 문질러 흐리게 하거나 픽셀을 비슷한 색으로 만들어 더욱 이미지가 부드럽게 합니다.

38 | Sharpen Tool

흐림 효과 툴과 반대로 선명한 효과를 줍니다. 흐린 이미지를 문질러 이미지를 선명하게 만들 수 있습니다.

39 | Smudge Tool

이미지를 문지르면 이미지가 밀리면서 뭉개지는 효과를 낼 수 있습니다.

40 | Dodge Tool

특정 부분에 하이라이트를 만들어 주어 이미지를 밝고 하얗게 만들 때 사용합니다.

41 | Burn Tool

이미지의 특정 부분을 어둡게 하여 그림자를 만들 수 있습니다.

42 | Sponge Tool

채도를 조절하여 이미지를 진하게 하거나 색을 삭제하여 무채색으로 만듭니다.

43 | Pen Tool ★★

패스를 만드는 가장 기본적인 툴로써 이미지에 정밀한 선택영역을 지정할 때 사용합니다. 또한 옵션 바에서 Shape Layers를 선택하여 도형을 만들 수 있습니다.

44 | Freeform Pen Tool

시작점을 클릭한 후 마우스를 자유롭게 그림 그리듯 드래그하여 패스를 제작합니다.

45 | Add Anchor Point Tool

작성된 패스에 포인트 점을 추가시킵니다.

46 | Delete Anchor Point Tool

기준점 추가 툴과 반대로 포인트를 삭제합니다.

47 | Convert Point Tool

곡선 형태 패스의 포인트를 클릭하여 직선으로 변환하거나 반대로 직선 형태의 패스를 곡선 형태로 변환할 때 사용합니다. 패스의 형태를 자유자재로 변환할 수 있습니다.

48 | Horizontal Type Tool ★★

이미지에 글자를 가로로 입력하고 편집하는 툴입니다. 옵션 바에서 폰트, 크기, 색 등을 지정할 수 있으며 [Layer] 〉 [Layer Style] 메뉴를 선택하여 다양한 효과를 적용할 수 있습니다.

49 | Vertical Type Tool ★★

수평 글자 툴과 사용 방법은 동일하며 가로 방향이 아닌 세로 방향으로 글자를 입력할 수 있습니다.

50 | Horizontal Type Mask Tool

해당 레이어 이미지 위에 바로 글자를 입력하지 않고 입력한 글자를 선택영역으로 표시합니다. 선택영역은 다양한 방법으로 편집할 수 있습니다.

51 | Vertical Type Mask Tool

수평 글자 마스크 툴과 기능은 동일하고 글자를 세로 방향으로 입력할 때 사용합니다.

52 | Path Selection Tool

펜 툴을 이용해서 만들어진 패스를 선택하거나 세이프로 만들어진 패스 전체를 선택할 때 사용합니다.

53 | Direct Selection Tool ★☆

패스를 수정할 때 포인터의 위치를 이동시키거나 패스의 도형 모양을 수정할 때 사용합니다.

54 | Rectangle Tool ★☆

사각형 툴은 직사각형이나 정사각형을 만드는 세이프 툴로서 패스 이미지를 제작할 때 사용합니다. 옵션 바의 Shape Layers, Paths, Fill pixels 방식을 선택하여 패스 이미지를 제작합니다.

55 | Rounded Rectangle Tool ★☆

사각형 툴과 동일한 기능으로 모서리가 둥근 사각의 패스 이미지를 제작할 때 사용합니다. 웹에서 흔히 사용되는 버튼을 쉽게 제작할 때 유용합니다.

56 | Ellipse Tool ★☆

정원이나 타원을 만드는 세이프 툴로서 패스 이미지를 제작할 때 사용합니다.

57 | Polygon Tool ★☆

다각형 모양의 패스 이미지를 제작할 때 사용합니다.

58 | Line Tool ★☆

직선이나, 화살표, 사선을 그릴 때 사용합니다.

59 | Custom Shape Tool ★★

미리 만들어 놓은 여러 가지 도형을 선택하여 사용할 수 있고, 사용자가 직접 패스를 만들어 등록할 수 있습니다. 옵션 바에서 ▦를 클릭하여 기본으로 제공하는 도형을 추가할 수 있습니다.

60 | Hand Tool ★★

정밀한 작업을 위해 화면을 확대하면 보이지 않는 부분이 발생합니다. 손 툴은 보이지 않는 영역을 위쪽, 아래쪽, 왼쪽, 오른쪽으로 이동하여 볼 수 있습니다. 다른 툴이 선택 되었을 경우에는 단축키 Space Bar를 눌러 손 툴로 아이콘이 바뀌면 드래그하여 사용할 수 있습니다.

61 | Rotate View Tool

화면을 회전하여 볼 수 있습니다. 회전 보기 툴을 사용하기 위해서는 그래픽 가속 기능이 활성화되어 있어야 하며, 활성화되지 않았다면 OpenGL을 지원하는 그래픽 카드로 교체해야 합니다. 옵션 바의 [Reset View] 버튼을 클릭하면 이미지를 원래의 상태로 되돌릴 수 있습니다.

> **기적의 TIP**
>
> [Edit] 〉 [Preferences] 〉 [Performance] 메뉴를 실행한 후 대화상자에서 'Enable OpenGL Drawing'에 체크하면 그래픽 가속 기능을 사용할 수 있습니다.

62 | Zoom Tool ★★

작업창을 확대하거나 축소해서 볼 때 사용하는 툴입니다. 클릭하면 화면이 확대되고 Alt 를 누른 채 클릭하면 화면이 축소됩니다.

03 색상 모드, 퀵 마스크 모드 전환

01 | Color Mode★★

포토샵에서 이미지 작업을 할 때 전경색과 배경색을 미리 지정해야 합니다. 클릭하면 [Color Picker] 대화상자에서 색을 선택할 수 있습니다.

❶ Foreground : 색을 채우거나 칠하기 위해 미리 지정하며 현재 작업 중인 색입니다.

❷ Background : 지우개 툴로 지울 때 나타나는 색이며 그라데이션 툴을 사용할 때도 배경색으로 사용할 수 있습니다.

❸ Switch Foreground and Background Colors : 현재 지정되어 있는 전경색과 배경색을 서로 전환할 수 있습니다.

❹ Default Foreground and Background Colors : 전경색과 배경색이 기본 값으로 복원됩니다.

02 | Edit in Standard Mode 🔲

포토샵이 실행되었을 때의 초기 상태로 기본적인 작업 모드는 표준모드입니다. 퀵 마스크 모드에서 채색도구로 색을 칠한 부분은 표준모드로 돌아오면 선택영역으로 표시됩니다.

03 | Edit in Quick Mask Mode 🔘

화면을 퀵 마스크 모드로 전환하여 선택영역과 비 선택영역을 구분하여 마스크 영역을 지정하는 기능입니다. 선택영역은 원본 이미지의 색 그대로 표시되고, 비 선택영역은 붉은 색으로 표시됩니다. 붉은 색상은 드로잉 툴로 색을 더 칠하거나 지워서 선택영역을 확장하거나 축소할 수 있습니다. 퀵 마스크 모드는 이미지에 변화를 주지 않고 드로잉 작업으로 마스크를 지정하면 복잡한 경계선의 세밀한 선택영역도 손쉽게 만들 수 있다는 장점이 있습니다.

① 퀵 마스크 기능 사용하기

퀵 마스크 모드에서는 드로잉 도구로 원하는 영역을 칠하였을 때 마스크 영역이 반투명의 붉은색 영역으로 변하게 되는데, 붉은색은 선택되지 않은 부분을 의미합니다. 드로잉 작업이 끝나고 표준모드로 돌아오게 되면 붉은 색으로 칠하지 않은 부분이 선택영역으로 전환됩니다.

▲ 퀵 마스크 적용화면　　　　　　　　　　▲ 표준모드 전환 화면

03 패널

01 패널의 사용법

포토샵에는 다양한 패널이 있고 툴 패널과 함께 작업을 도와주며, 총 23가지의 패널이 있습니다. 처음 포토샵을 실행하면 'Essentials' 작업 환경으로 패널이 구성되어 있는데 용도에 따라 [Window] 메뉴를 선택하여 다른 그룹으로 바꿔 사용할 수 있습니다.

01 | Color 패널★★

전경색과 배경색을 선택할 수 있고 색을 스포이트로 찍어서 바로 선택할 수 있고 색을 혼합하여 새로운 색을 만들 때 사용합니다.

02 | Swatches 패널

자주 사용하는 색들을 등록해 놓은 패널로 기본적으로 저장되어 있는 색을 선택, 추가, 저장, 삭제할 수 있습니다.

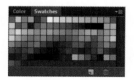

03 | Styles 패널

특정 스타일을 미리 등록하거나 스타일을 편집, 관리합니다. 텍스트나 벡터 도형 등을 설정할 때 유용합니다.

04 | Adjustments 패널★☆

[Image] 〉 [Adjustments]를 선택하면 나타나는, 이미지 보정 명령들이 모여진 패널입니다. 보다 쉽고 빠르게 이미지 보정과, 수정, 편집을 할 수 있게 합니다.

05 | Masks 패널★☆

레이어 마스크의 옵션을 조절할 수 있습니다. 레이어 마스크에 불투명도 등
을 보다 쉽고 빠르게 설정하거나 수정을 할 수 있게 합니다.

06 | Brushes 패널 F5

여러 종류의 브러쉬를 선택하거나 변경할 수 있고 만들어 사용할 수
있습니다. 브러쉬에 관련된 옵션을 조절하는 패널입니다.

07 | Clone Source 패널

복구 브러쉬 툴과 복제 도장 툴의 기능을 보완한 것으로 여러 이미지에서 원하
는 부분을 복사해놓은 후 이미지의 위치나 크기 등을 조절하거나 다른 이미지에
붙여 합성할 수 있습니다.

08 | Layers 패널 F7 ★★

레이어를 만들거나 삭제하고 투명도나 마스크, 블렌딩 모드를 적용하는 등 레이
어에 다양한 효과를 설정할 수 있습니다.

09 | Channels 패널

파일에 설정되어 있는 컬러 모드의 각 색상 채널의 정보, 추가, 삭제 등을 편집하고 관리합니다.

10 | Paths 패널

작업된 패스를 저장하거나 선택영역을 패스로 만들고 패스선을 선택영역으로 만드는 작업을 할 수 있습니다.

11 | History 패널

현재 작업하고 있는 상태를 기록해서 작업 내용을 확인할 수 있으며, 경우에 따라 작업과정을 단계별로 저장하여 작업을 취소할 때 사용합니다.

12 | Actions 패널 [Alt]+[F9]

이미지에 반복적인 작업을 자동화하여 액션을 제작하고 관리하며 한 번의 클릭으로 여러 이미지에 같은 명령을 적용할 수 있습니다.

13 | Character 패널 ★★

글자의 서체, 크기, 색, 자간 등 글자에 관련된 여러 옵션을 조절할 수 있습니다.

14 | Paragraph 패널 ★★

'Type Tool' 사용 시 문장의 정렬 방식과 들여쓰기 등을 지정할 수 있습니다.

15 | Navigator 패널

화면보다 큰 이미지일 경우 화면에서 보이는 이미지의 위치를 쉽게 알 수 있고, 확대, 축소할 수 있습니다.

16 | Histogram 패널

이미지의 각 채널의 색상정보를 레벨화하여 한눈에 보여줍니다.

17 | Info 패널 F8

현재 마우스가 위치한 곳의 색상 정보와 거리, 각도, 좌표를 나타냅니다.

18 | Layer Comps 패널

레이어 패널의 위치나 보이기 옵션 등의 구성 상태를 저장하여 레이어 상태를 비교하거나 레이어의 켜고 꺼짐을 나타냅니다.

19 | Notes 패널

Note Tool로 이미지에 포스트잇처럼 텍스트로 간단한 설명이나 주석 등을 기록할 때 사용합니다.

20 | Tool Presets 패널

자주 사용하는 각종 툴을 배열하여 툴을 선택하거나 등록할 수 있습니다. 브러쉬 툴 사용 시 유용합니다.

21 | Timeline 패널

이미지레디가 이 패널로 통합되어 움직이는 이미지(GIF)를 만들어 주는 기능입니다. 움직임의 속도, 반복 횟수 등을 조정해 줄 수 있습니다.

04 시험에 자주 나오는 기능 따라하기

01 투명한 이미지 만들기

투명한 이미지라고 하는 것은 PNG를 말하는 것입니다. PNG이란 GIF과 JPG의 두 단점을 보완한 통합 파일입니다. JPG는 이미지의 압축률이 좋아 적은 용량으로 질 좋은 이미지를 표현할 수 있기에 웹에서 많이 사용됩니다. PNG도 마찬가지로 적은 용량으로 좋은 이미지를 표현할 수 있습니다. 다만 JPG와 PNG가 다른 점이 있다면 배경을 투명하게 표현할 수 있느냐, 없느냐의 차이입니다.

01 | 이미지 불러오기

[File] 〉 [Open]을 선택하고 호순이.jpg를 불러옵니다.

02 | 레이어 속성 변경

Layer 패널에서 Background로 되어있는 호순이 레이어를 더블클릭하고 'Name : Layer 0'으로 그대로 두고 [OK] 버튼을 클릭해 일반 레이어로 바꿔줍니다.

기적의 TIP

Background는 기본적으로 배경색이 있고 Layer는 한 장의 투명 도화지라고 생각하시면 됩니다. Background로 작업 시 png로 저장한다고 해도 이미지와 배경색이 합쳐지면서 투명 이미지를 만들 수 없게 됩니다. 따라서 Background를 일반 레이어로 바꿔주어야 합니다.

03 | Magic Wand Tool 사용

'Magic Wand Tool'로 호순이 그림의 배경인 흰색을 클릭해 줍니다. 그 다음 Delete 를 눌러 흰색 배경을 투명하게 만들어 줍니다.

04 | 저장하기

[File] 〉 [Save]를 선택합니다. '파일 이름 : 배경투명_호순이'로 입력하고 'Format(형식) : png(*.png)'로 선택하여 [저장] 버튼을 클릭합니다.

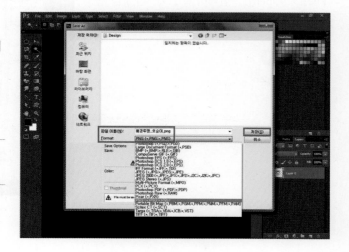

기적의 TIP

Ctrl + S : Save(저장)

05 | PNG Options 설정과 이미지 비교

PNG Options 대화상자에서 'None'으로 체크해주고 [OK] 버튼을 클릭합니다. 새 창을 열고 핑크색 배경에 호순이.jpg와 방금 만들어본 배경투명_호순이.png를 불러와 차이점을 비교합니다.

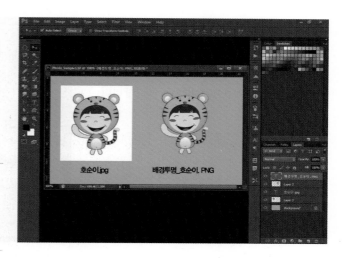

B 기적의 TIP

PNG를 플래시에서 불러오려면 플래시를 실행하고 [File] 〉 [Import)] 〉 [Import to Stage] 또는 [File] 〉 [Import] 〉 [Import to Library]를 선택하여 자유자재로 애니메이션 효과를 주면 됩니다.

02 이미지를 패턴으로 등록해서 사용하기

마크 또는 문양으로 된 패턴일 경우에는 일러스트레이터에서 작업이 가능하지만 이미지로 된 패턴일 경우에는 반드시 포토샵에서 작업이 이루어져야 합니다. 이미지로 만들어진 패턴은 대부분 참고자료에 있는 이미지를 이용하게 됩니다.

01 | 패턴 이미지 선택

나뭇잎.png를 불러옵니다. 'Rectangular Marquee Tool'을 클릭하고 첫 번째 나뭇잎을 드래그하여 선택영역으로 지정합니다.

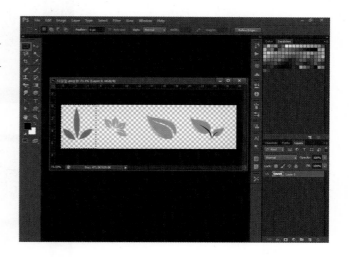

02 | 패턴 등록하기

[Edit] 〉 [Define Pattern]을 선택합니다. Pattern Name 대화상자에서 'Name(이름) : 나뭇잎'을 입력한 후 [OK] 버튼을 클릭합니다.

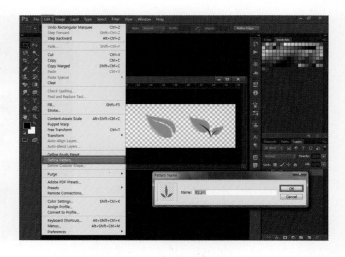

03 | 호순이.psd 열기

[File] 〉 [Open]을 선택하고 호순이.psd를 불러옵니다.

04 | 패턴 적용하기

Layers패널에서 'Background' 레이어를 선택하고 [Edit] 〉 [Fill]를 선택합니다. Fill 대화상자에서 'Use : Pattern, Custom Pattern : 나뭇잎, Opacity : 50%'로 설정한 후 [OK] 버튼을 클릭합니다.

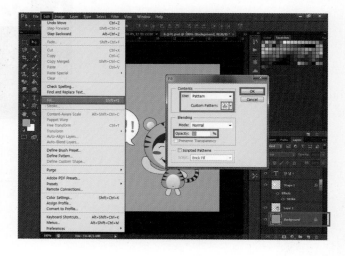

05 | 패턴 이미지 완성

배경에 패턴이 적용된 것을 확인할 수 있습
니다.

03 Pen Tool로 선택영역 만들기

패스를 만드는 가장 기본적인 툴입니다. 배경이 복잡한 경우에는 'Pen Tool'을 이용해야 깨끗한 선택영역을
얻을 수 있습니다. 펜 툴 작업은 Paths 패널에서 진행됩니다.

01 | 패스 작업하기

'Pen Tool'을 클릭하고 옵션 바에서 'Rubber
Band'에 체크합니다. 곡선을 만들기 위해
IMG114.jpg를 불러와 레몬 이미지에 원하는
지점을 클릭한 후 외곽 라인을 땁니다.

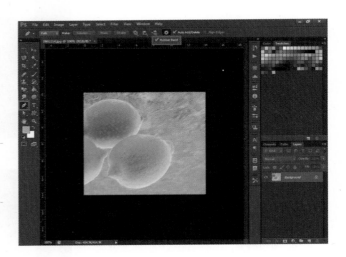

> **기적의 TIP**
>
> 옵션 바에서 'Paths'를 선택하고 외곽 라인을 따라 그려
> 야 합니다.

02 | 패스 그리기

핸들의 진행방향을 알려주는 'Rubber Band'의 기능은 초보자에게 편리한 기능이고 보다 쉽게 패스 작업을 할 수 있습니다. 앞쪽의 진행 핸들러를 적절하게 움직이거나 삭제하여 레몬의 외곽 라인을 그리면 됩니다.

기적의 TIP

[Alt]를 누른 채 마우스로 앞쪽의 진행 핸들러를 움직일 수 있습니다.

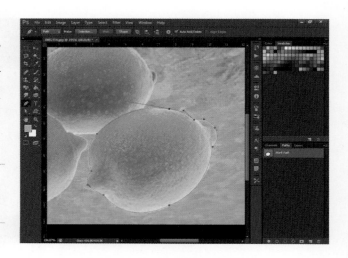

03 | 패스 저장하기

'Work Path' 레이어를 더블클릭하여 해당 이름에 레몬을 입력하고 [OK] 버튼을 클릭합니다.

기적의 TIP

Work Path는 임시 패스입니다. 다른 작업을 위해 펜 툴을 다시 사용하게 되면 다른 내용으로 대체됩니다. 즉, 기존에 그린 패스가 사라지게 됩니다. 그러므로 현재 작업한 패스 즉, Work Path를 저장하는 것입니다.

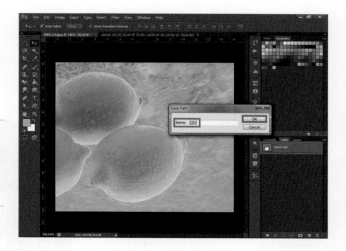

04 | 선택영역으로 전환하기

Path 패널 아래쪽의 [Alt]를 누른 상태로 'Load path as a selection'을 클릭합니다. 'Feather Radius : 0'으로 지정하고, 'Anti-Aliased'에 체크한 후 [OK] 버튼을 클릭하여 선택영역으로 전환합니다.

기적의 TIP

[Ctrl]을 누른 상태에서 '레몬' 레이어를 클릭하면 선택영역을 바로 전환할 수 있습니다.

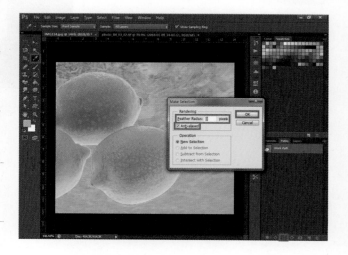

05 | 선택영역 사용하기

[Select] 〉 [Inverse] 메뉴를 선택하여 반전시
키고, [Delete]를 눌러 배경을 삭제합니다.

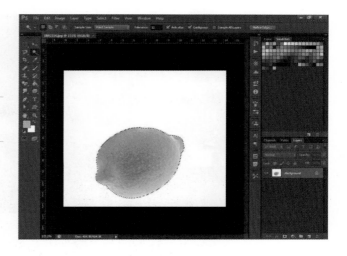

04 이미지 색상 반전시키기

[Invert]는 해당하는 컬러 모드에서 보색으로 반전시켜주는 역할을 하며, 이때 중요한 것이 RGB 모드에서
의 반전은 밝게 나타나고, CMYK 모드에서의 반전은 어둡게 나타난다는 점입니다. 그러므로 디자인 원고
에서 이미지가 밝게 보이면 RGB 모드에서 반전시키고 어둡게 보인다면 CMYK 모드에서 반전해야 합니다.

IMG104.jpg를 불러옵니다. 이미지를 반전할
때는 디자인 원고에서 제시하는 반전상태를
살펴보고, 색상 모드를 설정한 다음 [Ctrl]
+[I]를 누르거나 [Image] 〉 [Adjustment] 〉
[Invert]를 선택합니다.

▲ 원본 이미지

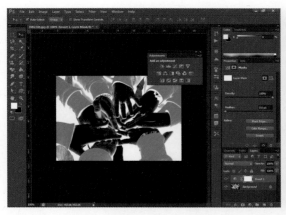
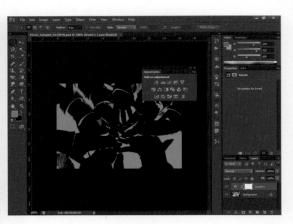

▲ RGB 모드   ▲ CMYK 모드

05 그라데이션 활용하기

01 | 그라데이션 사용하기

2가지 이상의 색을 이용하여 색상간의 연속적인 변화를 만듭니다. 단일 색보다 화려한 색을 구성할 수 있고, 원근감이나 입체감을 표현하기 위해 쓰기도 합니다. 가장 손쉽게 사용하는 방법은 그라데이션에 사용할 색을 전경색과 배경색으로 지정한 후 그라데이션 형식을 'Foreground to Background'로 지정하여 사용하는 방법입니다.

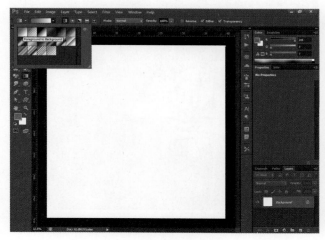
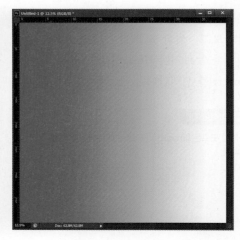

▲ Foreground to Background   ▲ Foreground to Background의 적용

02 | 새로운 그라데이션 만들기 1

Gradient Edit(그라데이션 편집기) 대화상자에서 그라데이션을 클릭하면 현재의 선택한 그라데이션을 편집하거나 새로운 그라데이션을 만들 수 있습니다. 'Presets(사전 설정)'를 제외한 부분이 그라데이션을 만들기 위한 옵션입니다. 색을 바꾸기 위해서는 먼저 해당 슬라이더를 클릭합니다. Select stop Color(정지 색상 선택) 대화상자에서 색을 변경할 수 있습니다.

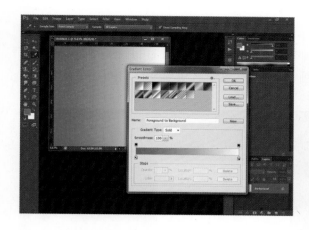

03 | 새로운 그라데이션 만들기 2

그라데이션에 색을 추가할 경우에는 슬라이더 바 아래에서 원
하는 부분을 클릭하면 슬라이더 바가 하나 더 생성되며 색을 부
여할 수 있습니다.

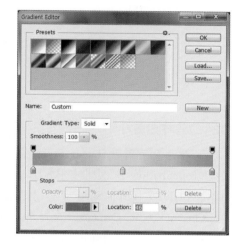

04 | 투명한 그라데이션 사용하기

부분적으로 그라데이션을 투명하게 만들어야
할 때가 있습니다. 이때는 그라데이션 항목
에서 Foreground to Transparent 형식을 지정
하고 그라데이션을 적용하면 됩니다.

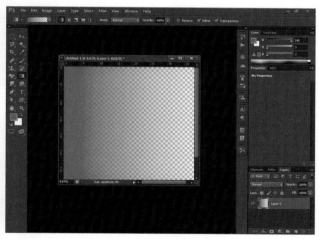

▲ Foreground to Transparent

▲ Foreground to Transparent의 적용

06 글자에 레이어 스타일 적용하기

그림자, 엠보싱, 베벨 등의 다양한 효과를 적용하여 제작할 수 있습니다. 적용한 레이어 스타일은 작업 레이어에 손상을 주지 않고 특수 방식으로 삽입되기 때문에 마음에 들지 않으면 언제든지 수정이 가능합니다.

01 | 글자 입력하기

'Horizontal Type Tool'로 작업창을 클릭하고 GRAPHICS를 입력한 다음 [Window] 〉 [Character]를 선택합니다. Character 패널에서 'Font : Arial, Style : Black, Size : 99.12', Color는 'C : 75, M : 56, Y : 0, K : 0', 'Faux Bold'로 설정합니다.

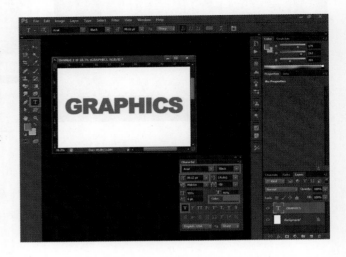

02 | 그림자 만들기

Layer 패널 아래쪽의 'Layer Style' 클릭하여 'Drop Shadow'를 선택하거나 [Layer] 〉 [Layer Style] 〉 [Drop Shadow]를 선택합니다. 'Opacity : 62%, Distance : 6px, Spread : 16%, Size : 5px'로 설정하고 [OK] 버튼을 클릭합니다.

> **기적의 TIP**
>
> 'GRAPHICS' 레이어를 더블클릭하면 [Layer Style] 대화상자가 바로 열립니다.

03 | 음각글자 만들기

시험에서 안쪽으로 들어간 느낌의 글자가 나오면 Layer Style 대화상자에서 'Inner Shadow'를 선택하고 'Opacity : 100%, Distance : 6px, Size : 5px'로 설정하고, [OK] 버튼을 클릭합니다.

04 | 입체적인 글자 이미지 만들기

IMG109.jpg를 불러옵니다. 'Horizontal Type Mask Tool'을 클릭하고 Summer를 입력합니다. [Layer] 〉 [New] 〉 [Layer via Copy]를 선택합니다.

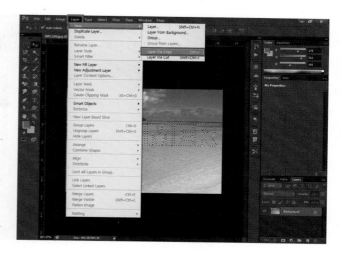

기적의 TIP

[Layer via Copy]는 현재 레이어에서 선택영역만 복사한 후 새로운 레이어로 생성하는 기능입니다. [Layer via Cut]는 선택영역을 잘라내서 새로운 레이어로 분리시켜 줍니다.

05 | 입체적인 글자 완성하기

선택영역이 복사되어 새로 레이어가 생성되었으면 레이어 스타일에서 'Bevel and Emboss'를 선택하고 'Style : Emboss'를 선택합니다. 그런 다음 'Size : 8px'로 변경하고 [OK] 버튼을 클릭하면 입체적인 글자가 완성됩니다.

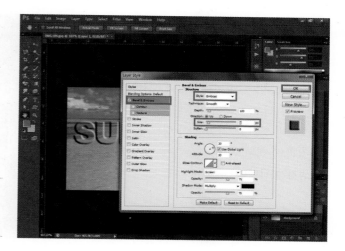

기적의 TIP

Pillow Emboss를 선택하면 글자가 박혀 있는 효과를 만들 수 있습니다.

07 이미지 합성하기

실기시험에서 이미지 합성부분은 많은 비중을 차지하고 있습니다. 마스크는 원본을 손상하지 않고 자연스럽게 이미지를 지우는 역할을 합니다. 즉, 위쪽 레이어를 부분적으로 가려서 아래쪽 레이어가 보이도록 하는 합성작업을 말합니다. 기본적인 이미지 합성은 레이어 마스크 기능으로 대부분 제작할 수 있으므로 레이어 마스크의 기능에 대하여 숙지해 두어야 합니다.

01 | 합성할 이미지 준비하기

IMG112.jpg와 IMG113.jpg를 불러옵니다.
사람 이미지를 배경 이미지 창으로 드래그합
니다.

02 | 레이어 마스크 만들기

위쪽 레이어를 선택한 상태에 Layers 패널 하
단의 'Add a mask'를 클릭하거나 [Layer] 〉
[Layer Mask] 〉 [Reveal All]을 선택합니다.
마스크를 씌우면 이미지와 마스크 사이에 고
리모양이 생기고 자동으로 링크가 됩니다.
그 결과 선택된 레이어 우측에 마스크 영역
이 생기게 됩니다.

03 | 레이어 마스크 적용하기

'Gradient Tool'을 클릭하고, 옵션 바에서
그라데이션 형식을 'Foreground to Back-
ground(　)'를 선택합니다.

🅑 기적의 TIP

Layer Mask는 'Gradient Tool'을 가장 많이 사용합니
다. 흰색은 이미지를 보이게 하며, 검정색은 이미지를 가
리게 합니다.

04 | 마스크 영역 수정하기

'Brush Tool'을 클릭하고 브러쉬 크기를 조절합니다. 옵션 바에서 'Airbrush Soft Round 27% flow'를 선택한 다음 속성을 조절하면 정밀하게 작업을 할 수 있습니다.

🅑 기적의 TIP

Hardness를 0%로 해줘도 에어브러쉬가 됩니다. 브러쉬 영역은 [[], []]를 눌러 확대와 축소할 수 있습니다.

08 | 모노톤 만들기

이미지 전체의 색을 한 가지 계열로 만들어 줍니다. 모노톤을 만들 때는 여러 방법이 사용되지만 가장 쉬운 것이 Hue/Saturation의 Colorize 기능입니다.

01 | Hue/Saturation 적용하기

IMG116.jpg를 불러옵니다. [Image] 〉 [Adjustments] 〉 [Hue/Saturation]을 선택합니다.

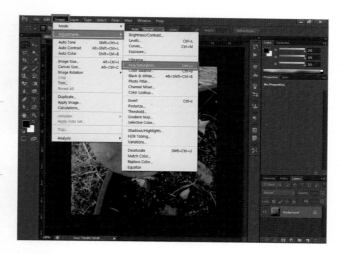

🅑 기적의 TIP

- [Ctrl]+[U] : Hue/Saturation
- 'Hue/Saturation'을 이용하면 Hue, Saturation, Lightness를 한꺼번에 조절할 수 있습니다.

02 | Colorize 적용하기

대화상자에서 오른쪽 아래에 있는 Colorize 항목을 체크하면 한 가지 색상 계열로 만들어집니다.

03 | 속성 조절하기

색상, 채도, 명도에 해당하는 슬라이더를 조절하면 원하는 색상의 톤으로 변경됩니다.

04 | 흑백이미지 만들기

Hue/Saturation 옵션에서 Colorize에 체크하지 않고 'Saturation : −100'으로 입력하면 흑백의 이미지가 만들어집니다.

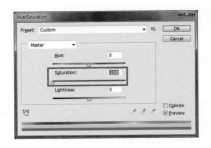

09 클리핑 마스크 이용해서 사진 꾸미기

여러 개의 레이어와 클리핑 마스크를 이용하여 레이어 마스크를 이용하지 않고도 두 개 이상의 많은 레이어를 하나의 이미지 영역으로만 보이도록 마스크 효과를 적용할 수 있습니다.

01 | 이미지 준비하기

IMG117.jpg, IMG118.jpg, IMG119.jpg, IMG120.jpg, IMG122.jpg, IMG123.jpg, 클리핑마스크.psd를 불러와 이미지들을 클리핑마스크.psd로 드래그하여 레이어를 추가합니다. 추가한 레이어들을 Layers 패널에서 순서대로 정렬합니다.

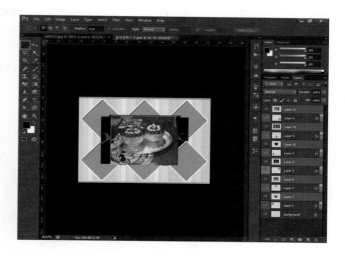

02 | 클리핑 마스크 설정

각 이미지들을 들어갈 액자의 위치에 맞게 'Move Tool'로 드래그해서 이동합니다. 'Layer 6' 레이어와 'Layer 12' 레이어 사이에 마우스 포인터를 올려놓고 Alt 를 누른 채 클릭합니다. 같은 방법으로 클리핑 마스크를 만듭니다.

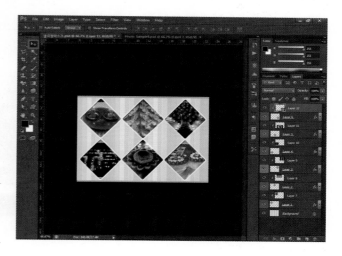

> **기적의 TIP**
>
> 'Layer 12'에 Ctrl + Alt + G 를 누르면 클리핑 마스크가 바로 적용되어 작업 시간을 단축시킬 수 있습니다.

05 포토샵 필터 효과

실기시험에서의 효과는 대부분 포토샵의 기본 필터 효과를 요구합니다.

01 Filter Gallery

필터 갤러리는 다양한 필터 효과를 한 눈에 볼 수 있어 시간을 단축시킬 수 있으며 시험 시 유용하게 사용됩니다. 여러 효과를 적용하거나 삭제할 수 있습니다. CMYK Color Mode에서는 활성화되지 않기 때문에 RGB Color Mode로 변환한 후 사용해야 합니다.

01 | Artistic

▲ Colored Pencil   ▲ Cutout ★   ▲ Dry Brush ★

▲ Film Grain   ▲ Fresco   ▲ Neon Glow ★

▲ Paint Daubs ★

▲ Palette Knife ★

▲ Plastic Wrap ★

▲ Poster Edges ★

▲ Rough Pastels ★

▲ Smudge Stick ★

▲ Sponge

▲ Underpainting ★

▲ Watercolor ★

02 | Brush Strokes

▲ Accented Edges

▲ Angled Strokes

▲ Crosshatch ★

▲ Dark Strokes

▲ Ink Outlines

▲ Spatter ★

▲ Sprayed Stroke

▲ Sumi-e

03 | Distort

▲ Diffuse Glow

▲ Glass

▲ Ocean Ripple

04 | Sketch

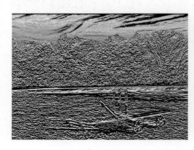

▲ Bas Relief

▲ Chalk & Charcoal

▲ Charcoal

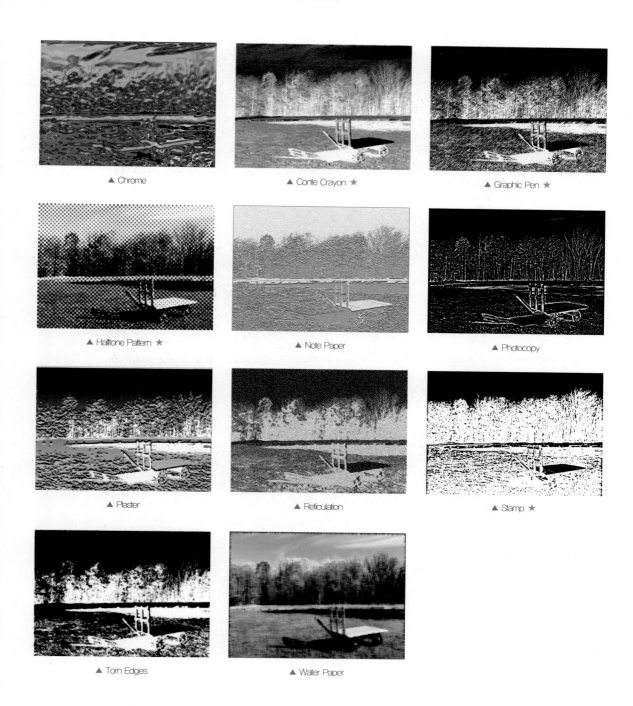

▲ Chrome

▲ Conte Crayon ★

▲ Graphic Pen ★

▲ Halftone Pattern ★

▲ Note Paper

▲ Photocopy

▲ Plaster

▲ Reticulation

▲ Stamp ★

▲ Torn Edges

▲ Water Paper

05 | Stylize

▲ Glowing Edges

06 | Texture

▲ Craquelure ★

▲ Grain

▲ Mosic Tiles ★

▲ Patchwork ★

▲ Stained Glass ★

▲ Texturizer ★

02 Filter

필터 메뉴는 필터 갤러리처럼 적용된 이미지를 썸네일로 한꺼번에 볼 수 없기
때문에 시험을 보기 전에 어떤 것들이 있는지 미리 살펴보고 가야 합니다. 두
세가지 필터를 제외하고 CMYK Color Mode에서도 적용이 됩니다.

Filter Gallery	Ctrl+F
Convert for Smart Filters	
Filter Gallery...	
Adaptive Wide Angle...	Shift+Ctrl+A
Lens Correction...	Shift+Ctrl+R
Liquify...	Shift+Ctrl+X
Oil Paint...	
Vanishing Point...	Alt+Ctrl+V
Blur	▶
Distort	▶
Noise	▶
Pixelate	▶
Render	▶
Sharpen	▶
Stylize	▶
Video	▶
Other	▶
Digimarc	▶
Browse Filters Online...	

01 | Blur

▲ Blur

▲ Gaussian Blur ★

▲ Motion Blur ★

▲ Radial Blur ★

02 | Distort

▲ Pinch

▲ Ripple ★

▲ Shear ★

▲ Spherize ★

▲ Twirl

▲ Wave ★

▲ ZigZag ★

03 | Noise

▲ Add Noise ★

▲ Noise_Dust&Scratch ★

04 | Pixelate

▲ Color Halftone ★

▲ Crystallize ★

▲ Fragment ★

▲ Mezzotint ★

▲ Mosaic ★

▲ Pointillize ★

05 | Render

▲ Clouds ★

▲ Lens Flare ★

06 | Stylize

▲ Diffuse

▲ Emboss ★

▲ Extrude ★

▲ Find Edges

▲ Solarize

▲ Tile ★

▲ Trace Contour ★

▲ Wind ★

InDesign CS6

01 기본 화면 구성

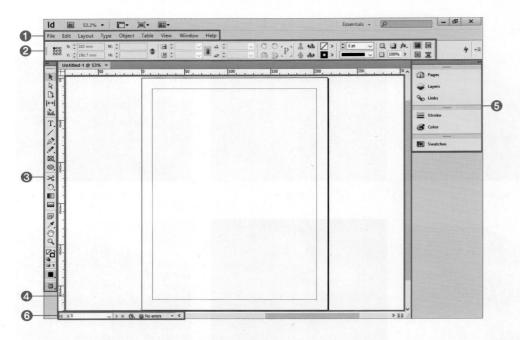

① **메뉴 바** : 기본적인 기능들이 쓰임새와 성격에 맞게 분리되어 있으며 거의 모든 기능은 이 메뉴 바에 있는 파일관리, 이미지 편집 등을 선택해서 사용할 수 있습니다. 각 메뉴를 선택하면 세부 메뉴가 나타납니다.

② **컨트롤 패널** : 툴 패널에서 현재 사용하고 있는 툴을 클릭할 때마다 각각의 맞추어진 옵션으로 바뀝니다.

③ **툴 패널** : 자주 사용하는 각종 툴을 모아놓은 곳으로 모든 작업은 툴 패널에서부터 시작됩니다.

④ **작업창** : 새로운 문서 또는 불러온 파일을 작업하기 위한 영역입니다.

⑤ **패널** : 작업 그룹별로 분류되어 있는 패널로 필요할 때마다 편리하게 사용할 수 있습니다.

⑥ **상태표시줄** : 라이브 프리플라이트의 오류나 마스터 페이지를 선택하고 페이지 위치의 이동 등 작업창에 대한 전반적인 정보가 표시됩니다.

① 새 문서 만들고 저장하기

01 | 단위 변경하기

새 작업창을 만들기 전에 [Edit] 〉 [Prefer-
ences] 〉 [Units & Increments]를 선택하여
'Horizontal, Vertical : Millimeters'로 설정하
고 [OK] 버튼을 클릭합니다.

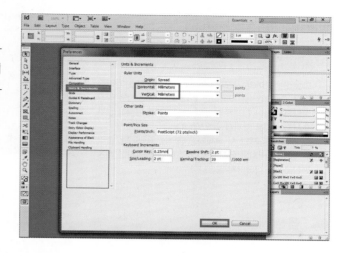

02 | 새 작업창 만들기

[File] 〉 [New Document]를 선택하여 'Facing
Pages'에 체크하고 'Page Size : A4', Columns
'Number : 3', Margins 'Top : 30, Bottom :
30, Inside : 30, Outside : 30'으로 설정 후,
[More Options] 버튼을 클릭합니다.

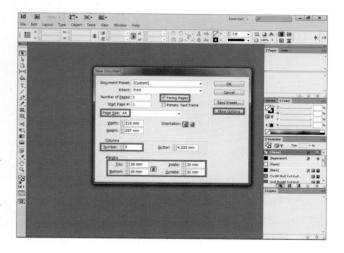

 기적의 TIP

[Ctrl]+[N] : Document

03 | 도련과 슬러그의 영역

옵션이 확장되면 'Bleed : 3, 3, 3, 3', 'Slug : 10, 0, 0, 0'을 입력한 후 [Save Preset] 버튼을 클릭합니다. Save Preset 대화상자가 나타나면 [OK] 버튼을 클릭합니다.

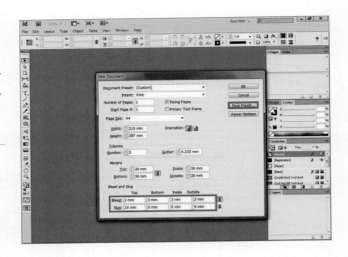

> **기적의 TIP**
>
> • Bleed는 종이의 가장자리를 재단하는 위치를 가리킵니다. 도련 영역을 사용하면 인쇄 또는 재단 중에 약간 정렬되지 않아 인쇄된 부분의 가장자리에 흰색이 일부 표시되는 것을 방지할 수 있습니다.
> • Slug는 최종 재단 시 삭제되는 영역을 말합니다. 슬러그 영역에 배치된 글자는 인쇄할 때 인쇄되지만 최종 편집물에는 나타나지 않습니다.

04 | 옵션 저장

[New Document] 대화상자에서 'Document Preset : Document Preset 1'이 나타나는지 확인한 후 [OK] 버튼을 클릭합니다.

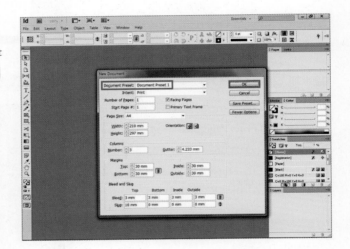

05 | 새 작업창

단이 세 개인 새로운 작업창의 1페이지가 나타납니다. 적용한 설정을 확인하기 위해 Pages 패널을 보면 두 개의 영역, 즉 위쪽은 마스터 페이지이고 아래쪽은 작업이 이루어지는 페이지로 나뉘어져 있습니다. A-Master의 '▱'을 마우스로 더블클릭하면 작업창을 두 개로 나눌 수 있습니다.

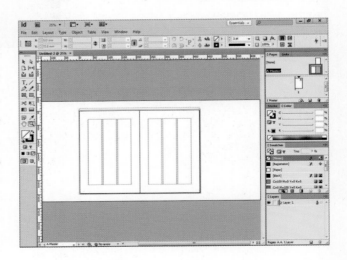

06 | 저장하기

[File] 〉 [Save]를 선택하여 '파일 이름 : new document.indd'를 입력한 후 [저장] 버튼을 클릭합니다.

기적의 TIP

Ctrl + S : Save

02 편집 기본기 마스터 페이지 알아보기

인디자인은 기본적으로 페이지가 많은 디자인을 작업할 때 디자인의 통일성을 줄 수 있도록 많은 페이지들을 관리하고 효과적으로 사용할 수 있는 기능들을 제공하고 있습니다. 여기서 편집 작업의 기본이 마스터 페이지(Master page)입니다. 마스터 페이지는 각 페이지에 적용할 공통 요소, 즉 안내선을 미리 설정해 둔 페이지를 말합니다.

01 | Create new page로 페이지 추가하기

Pages 패널에서 페이지를 추가하려면 먼저 추가하고자 하는 페이지를 선택하고 'Create new page'( )를 클릭하면 선택한 페이지의 다음 페이지로 페이지가 자동 추가됩니다.

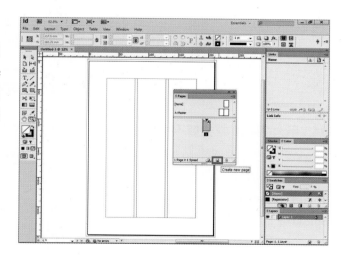

02 | Insert Pages로 페이지 추가하기

Pages 패널의 내림버튼(▼≡)을 클릭하여 나타나는 메뉴에서 'Insert Pages'를 선택하여 페이지를 추가할 수 있습니다. Insert Pages 대화상자에서 원하는 위치에 여러 개의 마스터 페이지를 생성할 수 있습니다.

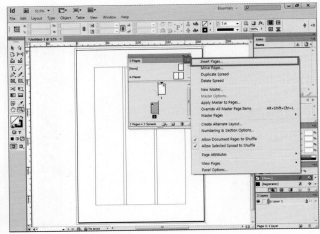

03 | 삭제하기

Pages 패널에서 삭제할 페이지를 클릭하고 'Delete selected pages'(🗑)로 드래그하거나 오른쪽 마우스 버튼을 눌러 페이지가 한 장인 경우 'Delete Spread'를 선택하고, 페이지가 두 장인 경우 'Delete Page'를 선택하여 삭제합니다.

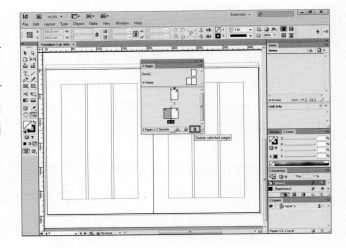

04 | 두 페이지를 한 번에 삭제하기

Pages 패널에서 삭제할 두 페이지의 쪽 번호를 더블클릭하고 내림버튼(▼≡)을 클릭하거나 오른쪽 마우스 버튼을 눌러 'Delete Spread'를 선택합니다.

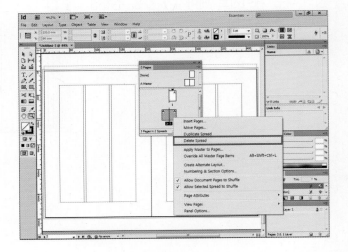

03 눈금자 표시하여 안내선 만들고 색상 바꾸기

안내선을 지정하면 세밀한 디자인 작업을 할 수 있게 도와줍니다. 각 페이지마다 별도의 안내선을 지정할 수 있지만, 통일된 편집을 위해 마스터 페이지에 안내선을 지정하고 마스터가 적용된 모든 페이지에 안내선을 나타낼 수 있습니다. 안내선은 Preview 모드가 아닌 Normal 모드 상태에서만 표시됩니다.

01 | 눈금자 나타내기

Pages 패널에서 'A-Master'를 더블클릭합니다. 마스터 페이지가 펼침 면으로 나타나면 눈금자를 나타내기 위해 [View] 〉 [Show Rulers]를 선택합니다.

기적의 TIP

Ctrl + R : Show Rulers

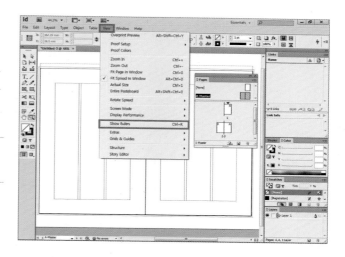

02 | 수평 안내선 만들기

[Layout] 〉 [Create Guides]를 선택하여 Rows 'Number : 3', 'Fit Guides to : Margins'로 설정한 후, [OK] 버튼을 클릭합니다.

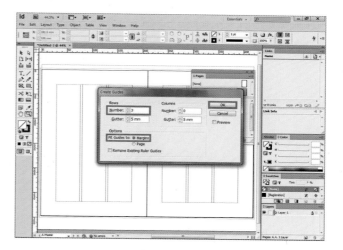

03 | 안내선 이동

안내선을 이동하기 위해 마우스로 안내선을 클릭한 후 아래쪽으로 드래그합니다.

기적의 TIP

작업창의 펼침 면에서 안내선을 이동하기 위해서는 Ctrl 을 누른 상태에서 드래그합니다.

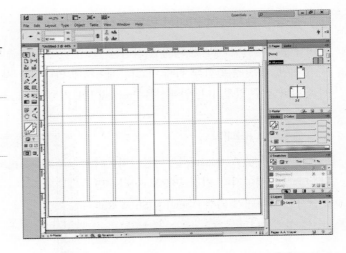

04 | 안내선 삭제하기

안내선을 삭제하기 위해 안내선을 선택하고 Delete 를 누릅니다.

기적의 TIP

안내선이 지워지지 않는다면 안내선이 잠겨있거나, 마스터 페이지에 있거나, 잠긴 레이어에 있는 경우입니다.

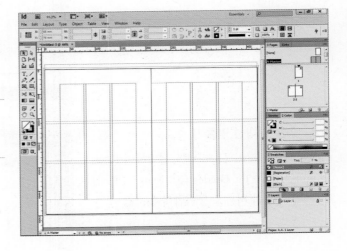

05 | 안내선 추가하기

Ctrl 을 누른 채 가로 눈금자와 세로 눈금자의 교차점을 클릭한 상태에서 원하는 위치로 드래그합니다.

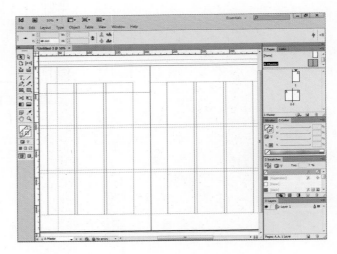

06 | 안내선 색상 바꾸기

[Layout] 〉 [Ruler Guides] 메뉴를 선택하여
'Color : Brick Red'로 설정하고, [OK] 버튼을
클릭합니다. 안내선을 추가하면 안내선의 색
이 바뀐 것을 확인할 수 있습니다.

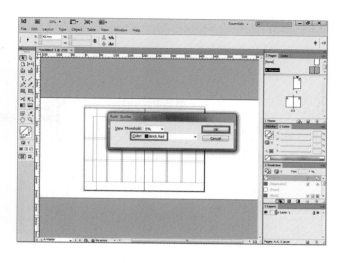

04 이미지 삽입하기

01 | 사각형 프레임 설정하기

'Rectangle Frame Tool'을 클릭하고 드래그해
서 사각형 프레임을 만들고 안내선을 설정합
니다.

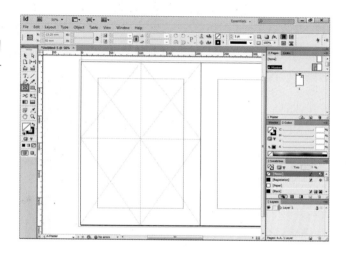

02 | 이미지 삽입하기

'Selection Tool'로 첫 번째 사각형 프레임을
선택합니다. [File] 〉 [Place]를 선택하여
IMG126.jpg를 클릭하고 Ctrl 을 누른 채
IMG128.jpg, IMG129.jpg, IMG131.jpg를
클릭해 [열기] 버튼을 클릭합니다.

 기적의 TIP

Ctrl + D : Place

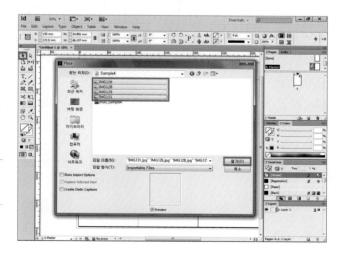

03 | 섬네일 형태의 이미지

마우스 포인터에 그림 파일이 섬네일 형태로 따라옵니다. 사각형 프레임에 마우스 포인터를 올려놓고 아이콘에 괄호가 나타나면 클릭하여 그림을 삽입합니다. 이미지가 삽입했으면 작업창의 빈 곳을 클릭하여 선택을 해제합니다.

05 글자 입력하기

01 | Type Tool 선택

'Type Tool'을 클릭하고 Control 패널에서 글꼴과 크기를 설정 후 드래그하여 우리들의 특별한 추억을 입력합니다.

> **기적의 TIP**
>
> 디자인 원고의 글꼴과 동일한 글꼴이 있는지 확인한 후 없을 때 고딕계열일 경우 '돋움' 글꼴을 명조계열일 경우에는 '바탕' 글꼴을 사용합니다.

02 | 글자 색상 지정하기

글자를 드래그하여 선택한 후 면색을 더블클릭하여 글자 색상 지정합니다. 'Eyedropper Tool'로 초록색 나무를 클릭하면 나무색과 같은 색을 지정해 줄 수 있습니다.

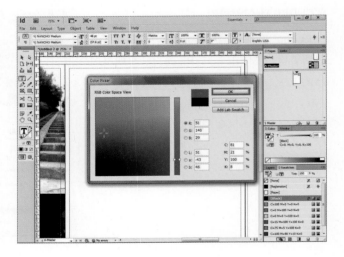

06 새 색상 만들고 적용하기

01 | New Color Swatch

Swatches 패널에서 내림버튼(■≡)을 클릭하여 나오는 'New Color Swatch'를 클릭합니다.

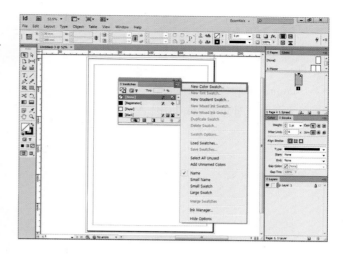

02 | New Color Swatch 대화상자

New Color Swatch 대화상자에서 'Color Mode : CMYK', 'Cyan : 0, Magenta : 100, Yellow : 71, Black : 0'으로 설정하고, [OK] 버튼을 클릭합니다.

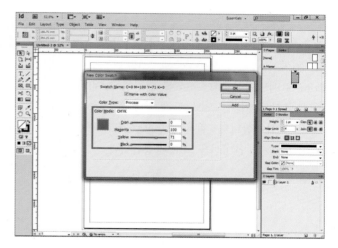

03 | 색상 적용하기

'Type Tool'로 컴퓨터그래픽스를 입력한 후 새로 만든 색을 지정합니다.

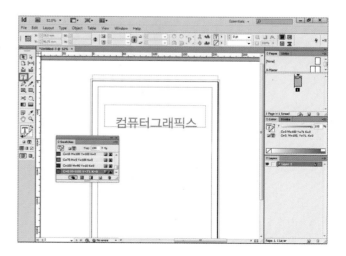

07 재단용 안내선 만들기

01 | 새로 만들기

[File] 〉 [New Document]를 선택하여 'Facing Pages'에 체크를 해제하고, 'Page Size : A4', Margins 'Top : 5, Bottom : 5, Left : 5, Right : 5'로 설정한 후 [OK] 버튼을 클릭합니다.

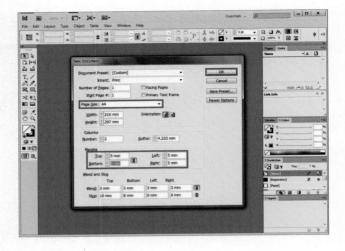

02 | 안내선 작업

Pages 패널에서 'A-Master'를 더블클릭합니다. 왼쪽 눈금자를 오른쪽으로 드래그한 후 Control 패널에서 'X : 2mm'를 입력하고, 위쪽 눈금자를 아래쪽으로 드래그한 후 'Y : 2mm'를 입력합니다. 같은 방법으로 오른쪽과 아래쪽에도 안내선을 그려 완성합니다.

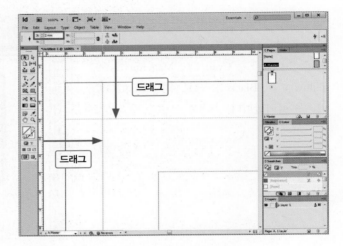

03 | 안내선 완성

'Line Tool'을 선택하고 위쪽 안내선에서 2mm
길이만큼 수직으로 드래그합니다. Stroke 패
널에서 'Weight : 0.25'로 지정합니다.

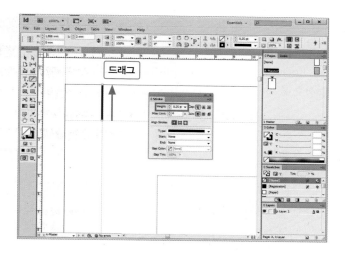

04 | 안내선 잠그기

[View] 〉 [Grids & Guides] 〉 [Lock Guides]
를 선택하여 안내선을 잠가줍니다.

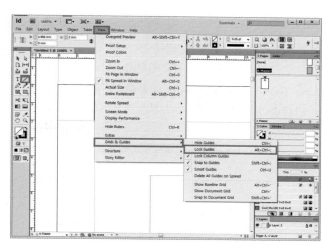

05 | 수직선 만들기

세로 선을 선택하고 [Alt]를 누른 채 복사합니
다. 'Rotate Tool'을 클릭하여 [Shift]를 눌러 수
평선으로 만든 후 이동시킵니다.

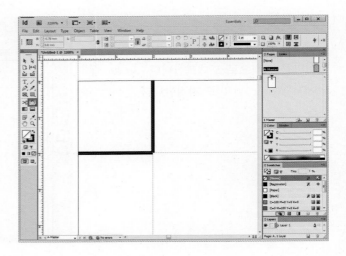

06 | 재단선

수평선과 수직선을 그룹을 만든 후 오른쪽과
아래쪽도 복사해서 이동시켜 배치시킵니다.
'Line Tool'과 'Rotate Tool'을 이용해 재단선
을 만들면 됩니다.

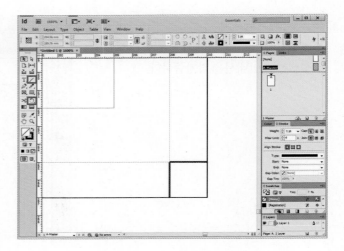

PART
03

대표 기출 따라하기

자격종목	컴퓨터그래픽기능사	과제명	농업인의 날 포스터

※ 시험시간 : 3시간

1. 요구사항

※ 다음의 요구사항에 맞도록 주어진 자료(컴퓨터에 수록)를 활용하여 디자인 원고를 시험시간 내에 컴퓨터 작업으로 완성하여 A4 용지로 출력 후 A3 용지에 마운팅(부착)하여 제출하시오.

※ 모든 작업은 수험자가 컴퓨터 바탕화면에 폴더를 만들어 저장하시오.

가. 작품규격(재단되었을 때의 규격) : 160mm×240mm ※A4 용지 중앙에 작품이 배치되도록 하시오.

나. 구성요소(문자, 그림) : ※(디자인 원고 참조)

① 문자요소
- 농촌진흥청
- 농업인의 날
- 11월 11일은 농업인의 날입니다
- 농자천하지대본
- 農者天下之大本
- Farmer's Day
- 일시 : 11월 11일(화) 11:00
- 장소 : 농협중앙회 본관 1층
- 행사 : 어울림한마당, 골든벨
- www.farmersday.or.kr

② 그림요소 : 디자인 원고 참조

산 배경.jpg

황금들녘.jpg

농부.jpg

당근.jpg

블루베리.jpg

상추.jpg

한지.jpg

다. 작업내용

01) 주어진 디자인 원고(그림, 사진, 문자, 색채, 레이아웃, 규격 등)와 동일하게 작업하시오.

02) 디자인 원고 내용 중 불명확한 형상, 색상코드 불일치, 색 지정이 없는 부분, 원고에 없는 형상 등이 있을 때는 수험자가 5–5 페이지(나.완성도면) 내용과 같이 작업하시오.

03) 디자인 원고의 서체(요구서체)가 사용 컴퓨터 및 소프트웨어와 맞지 않을 경우는 가장 근접한 서체를 사용하시오.

04) 상하, 좌우에 3mm 재단여유를 갖도록 작품을 배치하고, 재단선은 작품규격에 맞추어 용도에 맞게 표시하시오.
(단, 디자인 원고 중 작품의 규격을 표시한 외곽선이 있을 때는 5–5 원고의 지시에 따라 표시여부를 결정한다.)

05) 디자인 원고 좌측 하단으로부터 3mm를 띄워 비번호를 고딕 10pt로 반드시 기록하시오.

06) 출력물(A4)는 어떠한 경우에도 절취할 수 없으며, 반드시 A3 용지 중앙에 마운팅하시오.

라. 컴퓨터 작업범위

01) 10MB 용량의 폴더에 수록될 수 있도록 작업범위(해상도 및 포맷형식)를 계획하시오.

02) 규격 : A4(210×297mm) 중앙에 디자인 원고 내용과 같은 작품(원고규격)을 배치하시오.

03) 해상도 및 포맷형식 : 제한용량 범위 내에서 선택하시오.

04) 기타 : ① 제공된 자료범위 내에서 활용하시오.
② 3개의 2D 응용프로그램을 고루 활용하되, 최종작업 및 출력은 편집프로그램(쿽 익스프레스, 인디자인)에서 하시오.
(최종작업 파일이 다른 프로그램에서 생성된 경우는 출력할 수 없음)

2. 수험자 유의사항

01) 수험자 인적사항 및 답안작성은 흑색 필기구만 사용해야 합니다.
02) 시설목록상의 소프트웨어 및 참고자료가 하드웨어에 설치되었는지 확인한 후 작업하시오.
　　(단, 시설목록 이외의 동등한 소프트웨어, 폰트 등[반드시 정품에 한함]을 설치하고자 할 때에는 시험 시작 전 감독위원의 입회
　　하에 설치할 수 있으며, 무료폰트, 프리웨어 소프트웨어는 설치 할 수 없습니다.)
　　※ 수험자 지참한 펜마우스, 그래픽 타블렛, 디지타이저, 스캐너 등 입력장치는 사용할 수 없습니다.
03) 지참공구 『수험표, 신분증, 연필(1개), 싸인펜(1개), 눈금자(30cm), 가위, 양면테이프』이외의 참고자료 및 저장매체 등 어떠한
　　물품(핸드폰 전원 off)이라도 시험 중 지참할 수 없습니다.
　　※ 작업 중 계산이 필요한 경우는 컴퓨터 내 계산기를 사용할 수 있습니다.
04) 수험자의 컴퓨터 활용 미숙 등으로 인한 시험 진행이 어렵다고 판단되었을 때는 감독위원은 시험을 중지시키고 실격처리를
　　할 수 있습니다.
05) 바탕화면에 폴더를 생성하여 주기적으로 작업한 파일을 저장하시오.
06) 작업이 끝나면 생성한 비번호 폴더에 10MB 용량 이내로 출력과 관련된 파일만(최종 작업 파일)을 저장하고 감독위원의 지
　　시에 따라 전송하시오.
　　(단, 시험시간은 저장한 파일이 포함된 폴더를 전송한 시점까지이며, 전송 후에는 일체의 재작업을 할 수 없음)
07) 프린트는 감독위원의 별도 지시에 따라 순서에 의해 수험자 본인이 출력하며, 1회 출력을 원칙으로 합니다.
　　(단, 기계 이상 또는 출력 오류 등의 사유로 인쇄가 잘못되었을 시 감독위원의 확인 후 다시 출력할 수 있으며 잘못된 인쇄
　　본은 감독위원에게 제출하시오.)
08) A3 용지 좌측 상단 표제란에 인적사항을 기재하고, 작품(출력물, A4)은 표제란을 제외한 A3 용지의 중앙에 마운팅(부착)하며,
　　작품 부착 경계선상에 감독위원의 확인 날인을 받으시오. (단, 마운팅 소요시간 5분 이내)
09) 지급된 A3 용지 및 컴퓨터 작업 내에는 불필요한 내용의 표시를 하지 마시오.
10) 모든 작품을 감독위원 또는 채점위원이 검토하여 카피된 작품(동일작품)이 있을 때에는 관련된 수험자 모두를 부정행위로
　　처리합니다.
11) 컴퓨터 H/W에 작업된 모든 내용과 시험자료는 A3 용지에 마운팅한 후 삭제하고, 출력물을 부착한 A3 용지를 제출하시오.
12) 장시간 컴퓨터 작업으로 신체에 무리가 가지 않도록 적절한 몸풀기(스트레칭) 후 작업하시오.
13) 다음 사항에 대해서는 실격에 해당되어 채점 대상에서 제외됩니다.
　　가) 수험자 본인이 수험 도중 시험에 대한 포기(기권) 의사를 표시하고 포기하는 경우
　　나) 지정 작업 범위(용량)를 초과한 경우
　　다) 요구사항과 현격히 다른 경우(채점위원이 판단)
　　라) 제한시간을 초과하여 미완성인 경우
　　마) 과제 기준 20% 이상 완성이 되지 않은 경우(채점위원이 판단)
　　바) 최종 작업을 편집프로그램으로 하지 않았거나, 수험자 미숙으로 출력을 못하였을 경우
14) 주요채점 항목은 다음과 같습니다.
　　가) 응용프로그램의 활용능력 및 최종 편집 프로그램 사용
　　나) 색채, 그림요소의 표현
　　다) 그림 및 문자요소의 레이아웃
　　라) 타이포그래피(서체특성 및 크기, 자간 및 행간의 정확도, 오타 등)
　　마) 원고규격, 재단선의 적합성, 디자인 원고의 배치 등

3. 지급재료 목록

일련 번호	재료명	규격	단위	수량	비고
1	복사 용지	A3	장	1	1인당
2	프린터 용지	A4(360dpi 이상 또는 일반용지)	장	2	1인당(프린터기에 내장)

작품명 : 농업인의 날 포스터

※ 작품규격(재단되었을 때의 규격) : 가로 160mm×세로 240mm, 작품 외곽선은 생략하고, 재단선은 3mm 재단 여유를 두고 용도에 맞게 표시할 것.
※ 지정되지 않은 색상 및 모든 작업은 "최종결과물" 오른쪽 디자인 원고를 참고하여 작업하시오.

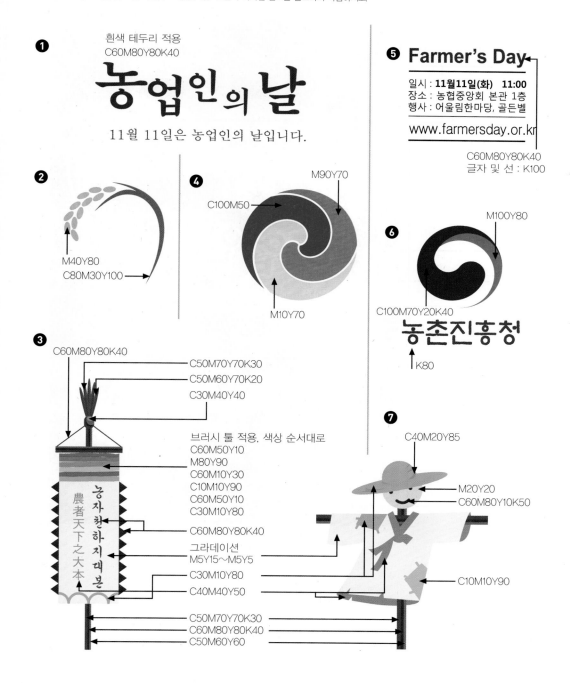

❶ 흰색 테두리 적용
C60M80Y80K40

농업인의 날

11월 11일은 농업인의 날입니다.

❷
M40Y80
C80M30Y100

❹
C100M50
M90Y70
M10Y70

❺ **Farmer's Day**
일시 : **11월11일(화) 11:00**
장소 : 농협중앙회 본관 1층
행사 : 어울림한마당, 골든벨

www.farmersday.or.kr

C60M80Y80K40
글자 및 선 : K100

❻
M100Y80
C100M70Y20K40

농촌진흥청

K80

❸
C60M80Y80K40

C50M70Y70K30
C50M60Y70K20
C30M40Y40

브러시 툴 적용. 색상 순서대로
C60M50Y10
M80Y90
C60M10Y30
C10M10Y90
C60M50Y10
C30M10Y80

농자천하지대본
農者天下之大本

C60M80Y80K40

그라데이션
M5Y15~M5Y5

C30M10Y80
C40M40Y50

C50M70Y70K30
C60M80Y80K40
C50M60Y60

❼
C40M20Y85
M20Y20
C60M80Y10K50
C10M10Y90

이미지 합성
블러 효과 필터적용
블렌딩 효과 및
클리핑마스크 효과

흰색 테두리 적용

색상 : W
투명도 12%
패턴 오버레이 적용

이미지 배경 제거하고
흰색테두리 적용 및
원고와 같은 필터적용
C60M80Y80K40

배경 : 그라디언트
C35M30Y45~
C20M15Y40

한지질감 표현

흰색
외부광선 효과

배경 : 이미지 블러 효과
마스크 효과
원고와 같이 합성

이미지 구형화 필터적용
원고와 같이 합성

자유변형툴로
원고와 같이
기울여서 적용.
그림자 적용

망점필터 적용해
원고와 같이 표현
C30M30Y30
투명도 60%

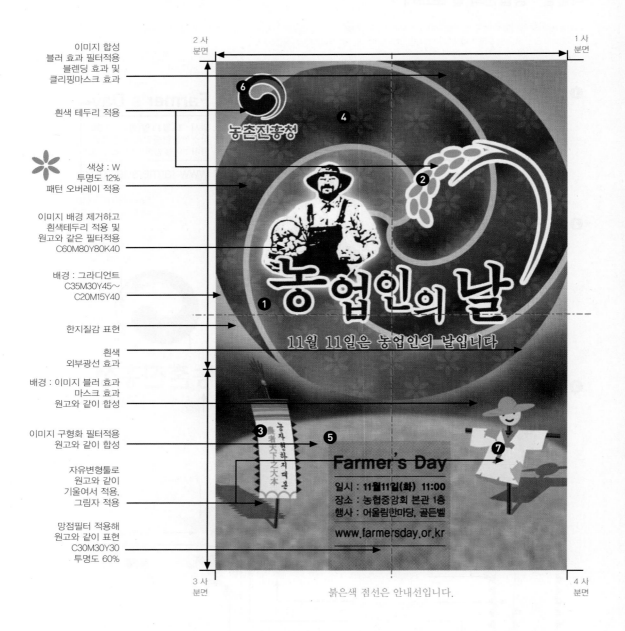

2 사
분면

1 사
분면

농촌진흥청

농업인의 날

11월 11일은 농업인의 날입니다

天下之大本

Farmer's Day

일시 : **11월11일(화)** 11:00
장소 : 농협중앙회 본관 1층
행사 : 어울림한마당, 골든벨

www.farmersday.or.kr

3 사
분면

4 사
분면

붉은색 점선은 안내선입니다.

01 작업 그리드 그리기

배부 받은 디자인 원고의 완성 이미지 위에 필기
구와 자를 이용하여 가로, 세로의 크기를 측정
한 후 각 4등분으로 선을 그어 줍니다. 16등분의
직사각형이 그려지면 가로와 세로선이 교차되는
지점을 기준으로 대각선을 그립니다.

기적의 TIP

작업 그리드를 그리는 이유?
컴퓨터 작업 시각 이미지나 도형의 크기, 위치, 간격을 파악
하기 위해 필요한 작업입니다. 빨간색 볼펜 등의 튀는 색상
의 필기구로 기준선 그리기 작업을 하는 것이 좋습니다.

02 실제 작업 크기 분석 및 계획 세우기

작품규격 160mm×240mm를 확인합니다. 작품
외곽선을 생략하고, 재단선은 3mm의 재단 여
유를 두고 용도에 맞게 표시할 것을 염두에 둡
니다. 작품규격에 위쪽, 아래쪽, 왼쪽, 오른쪽으
로 각 3mm씩 재단여유를 주면 실제 작업 크기는
166mm×246mm가 됩니다. 그리고 각 요소를 표
현하기 위해 사용될 프로그램을 계획해 줍니다.

⑱ 그리드 제작하기

01 일러스트레이터를 실행하고, [File] 〉 [New]를 선택하거나 Ctrl+N을 눌러 [New Document] 대화상자가 열리면 'Units : Millimeters, Width : 166mm, Height : 246mm, Color Mode : CMYK'로 설정한 후, [OK] 버튼을 클릭합니다.

> **🅑 기적의 TIP**
>
> Ctrl+N : New Document(새 문서 만들기)

02 Tools 패널에서 'Rectangular Grid Tool'을 선택합니다.

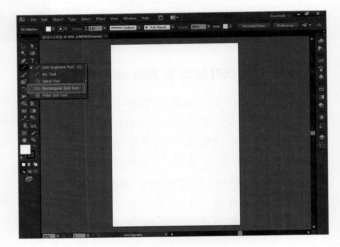

> **🅑 기적의 TIP**
>
> 'Line Segment Tool'을 길게 클릭하면 아래 숨겨진 툴들이 보입니다. 이때 [Rectangle Tool]을 선택하면 됩니다.

03 작업창을 클릭하여 [Rectangular Grid Tool Options] 대화상자가 보이면 Default Size는 'Width : 160mm, Height : 240mm'로 입력하고, 격자도형을 16등분으로 나누기 위해 Horizontal Dividers는 'Number : 3', Vertical Dividers는 'Number : 3'을 입력한 후, [OK] 버튼을 클릭합니다.

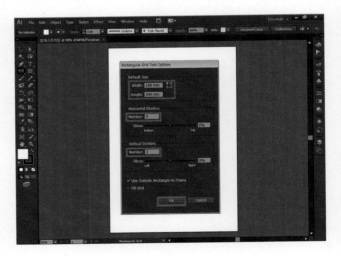

> **🅑 기적의 TIP**
>
> • 작업창에서 아무 곳이나 클릭해도 상관없습니다.
> • 작품 규격이 Width : 160mm, Height : 240mm이므로 똑같이 입력하면 됩니다.

04 작업창에 16등분된 사각형 격자도형이 만들어집니다. 격자도형이 임의의 위치에 만들어졌으므로 작업창과 정렬이 필요합니다.

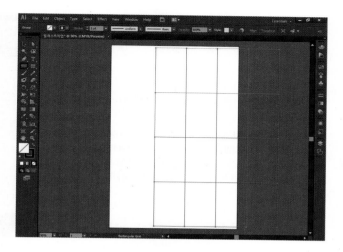

05 [Window] 〉 [Align]을 선택하여 Align 패널이 보이면 Align To를 클릭하여 'Align to Artboard'를 선택하고, Align Objects에서 'Horizontal Align Center, Vertical Align Center'를 각각 클릭하여 작업창의 한 가운데에 격자도형을 배치합니다.

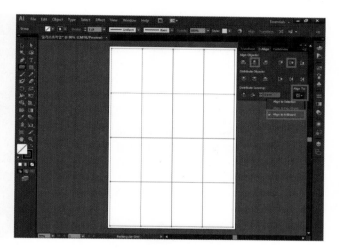

기적의 TIP

- Shift + F7 : Align 패널 보이게 하기
- Align to Artboard는 지정된 작업창을 기준으로 오브젝트를 정렬하고, Align to Selection은 선택된 오브젝트끼리 정렬합니다.

06 Tools 패널의 'Selection Tool'로 격자도형을 선택합니다. Tools 패널의 Color Mode에서 'Stroke'를 더블클릭하여 [Color Picker] 대화상자가 열리면 빨간색으로 설정하고, [OK] 버튼을 클릭합니다.

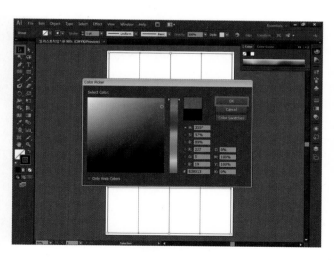

기적의 TIP

- Selection Tool(V) : 오브젝트를 선택하는 툴입니다. 오브젝트에 어떠한 기능을 적용하기 위해서는 반드시 먼저 선택을 해야 합니다.
- 빨간색 : C0M100Y100K0

07 격자도형이 선택된 상태에서 [Object] 〉 [Lock] 〉 [Selection]을 선택하여 격자도형을 잠급니다.

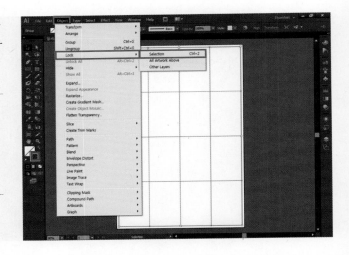

08 격자도형에 맞춰 선을 그리기 위해서 우선 [View] 〉 [Smart Guide]가 다음과 같이 체크되어 있는지 확인합니다.

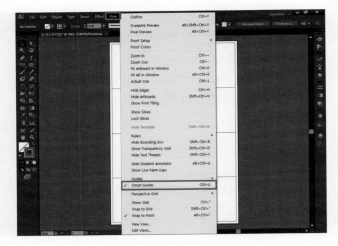

09 'Line Segment Tool'을 선택하고 격자도형의 좌측상단 모서리부터 우측하단 모서리까지 대각선을 그립니다.

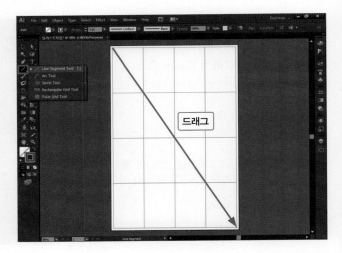

드래그

10 계속해서 'Line Segment Tool'로 격자 도형의 등분된 지점에 맞춰 좌측 상단에서 우측 하단을 향해 대각선을 그립니다.

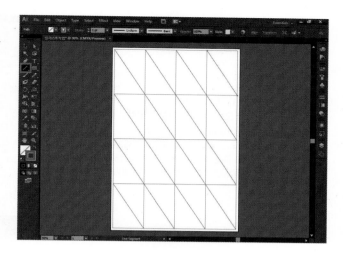

11 Ctrl + A 를 눌러 대각선을 모두 선택합니다. 대각선이 모두 선택된 상태에서 'Reflect Tool'을 더블클릭하여 [Reflect] 대화상자가 열리면 Axis를 'Vertical'로 설정한 후, [Copy] 버튼을 클릭하여 반대 방향으로 대각선을 복사합니다.

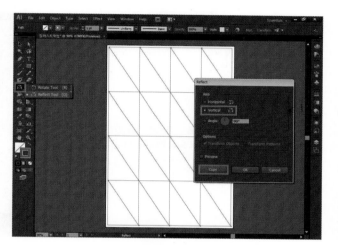

🅱 기적의 TIP

· Ctrl + A : 모든 오브젝트를 선택합니다.
· 격자도형을 잠가 두었기 때문에 Ctrl + A 를 누르면 대각선만 선택됩니다.
· 반대편 대각선을 'Reflect Tool'을 이용하지 않고 'Line Segment Tool'로 그릴 수도 있습니다. 정해진 방법은 없으므로 자신에게 맞는 방법을 찾아 사용하는 것이 좋습니다.

12 우측 상단에서 좌측 하단을 향한 대각선 7개가 복사되었습니다.

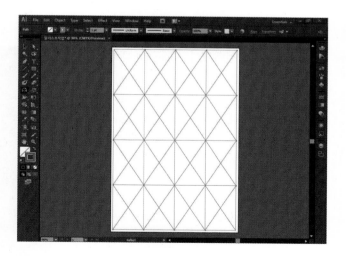

13 [Object] 〉 [Unlock All]을 선택하여 잠가둔 격자 도형을 다시 풀어 줍니다.

- Ctrl + 2 : [Object] 〉 [Lock] 〉 [Selection]
  선택한 오브젝트만 선택할 수 없도록 한다.
- Alt + Ctrl + 2 : [Object] 〉 [Unlock All]
  모든 오브젝트의 잠금을 해제한다.
- 오브젝트를 잠그고 푸는 작업은 매우 자주 사용하므로 단축키를 외워서 사용하는 것이 작업 시간 단축에 도움이 됩니다.

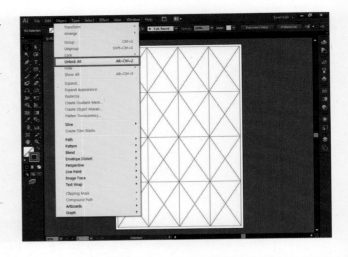

14 Ctrl + A 를 눌러 격자도형과 대각선을 모두 선택합니다. [Object] 〉 [Group]을 선택하여 그룹으로 지정합니다.

- Ctrl + G : Group
- 여러 개로 나눠진 오브젝트를 그룹으로 만들면 선택이 쉽게 되므로 나중에 포토샵으로 옮길 때 매우 편리합니다.

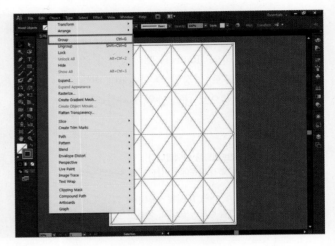

04 그리드 저장하기

[File] 〉 [Save]를 선택하여 [Save As] 대화상자가 열리면 '파일 이름 : 일러스트작업'으로 입력하고, '파일 형식 : Adobe Illustrator (*.ai)'를 확인한 후 [저장] 버튼을 클릭합니다. [Illustrator Options] 대화 상자가 나타나면 [OK] 버튼을 클릭하여 저장을 완료합니다.

컴퓨터에 설치된 윈도우의 언어에 따라서 저장 옵션이 한글 또는 영문으로 표시될 수 있습니다.

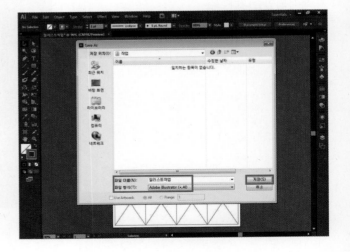

01 디자인 원고 분석하기

01 Layers 패널에서 'Layer1' 레이어의 이름을 더블클릭하여 그리드로 입력합니다. '그리드' 레이어의 'Toggles Lock'을 클릭하여 잠급니다.

기적의 TIP

• [Window] 〉 [Layers] : Layers 패널 열기/닫기
• Toggles Lock을 클릭하여 자물쇠 아이콘이 표시되면 해당 레이어는 수정이 불가능합니다. 그리드 레이어를 잠그는 이유는 다른 도형을 그릴 때 실수로 수정되거나 지워지는 것을 방지하기 위해서입니다.

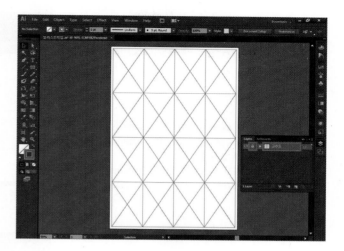

02 Layers 패널에서 'Create New Layer' 아이콘을 클릭하여 새 레이어를 추가하고, 새 레이어의 이름을 도형으로 변경합니다.

기적의 TIP

이제 만들게 될 모든 오브젝트는 도형 레이어에 그려지게 됩니다.

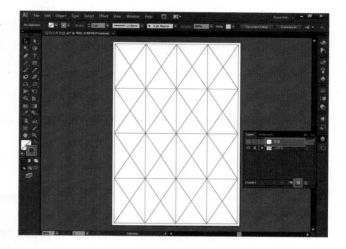

01 Tools 패널의 'Hand Tool'로 화면을 드래그하여 작업창의 빈 공간으로 화면을 이동합니다. 'Ellipse Tool'을 선택하고, 작업창을 클릭하여 [Ellipse] 대화상자가 열리면 'Width : 100mm', 'Height : 100mm'로 입력한 후, [OK] 버튼을 클릭합니다.

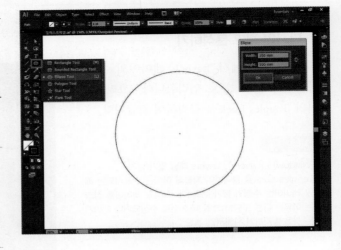

> **기적의 TIP**
> • 작업창 빈 공간의 배경색은 기본 회색이지만 [View] 〉 [Overprint Preview]를 선택하여 필요에 따라 흰색으로 변경하여 작업할 수 있습니다.
> • 단위가 mm로 보이지 않는 경우, [Edit] 〉 [Preferences] 〉 [Units]를 선택하고, General : millimeters로 설정합니다.

02 이제 원을 3등분하기 위해서 기준선을 그려보겠습니다. 'Line Segment Tool'을 선택하고, 커서를 원의 중심으로 이동하여 'Center' 글자가 뜨면 **Alt**+**Shift**를 누른 채 위쪽으로 드래그하여 다음과 같은 직선을 그립니다.

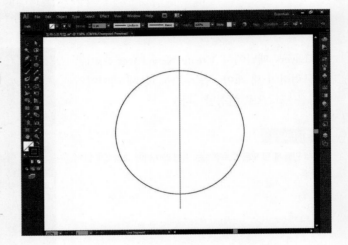

> **기적의 TIP**
> • 커서를 원의 중심으로 가져갔을 때 Center 글자가 보이지 않는 경우, [View] 〉 [Smart Guide]가 체크되어 있는지 확인합니다.
> • 직선의 길이를 원보다 크게 그립니다.

03 직선이 선택된 상태에서 'Rotate Tool'을 더블클릭하고, [Rotate] 대화상자가 열리면 'Angle : 120°'로 입력한 후, [Copy] 버튼을 클릭하여 회전 복사합니다.

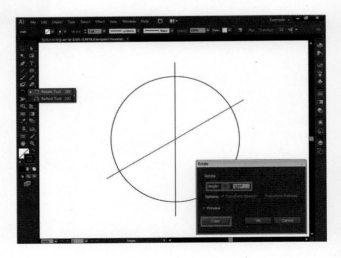

> **기적의 TIP**
> [Rotate] 대화상자에서 Angle 값을 입력하고, 'Preview'를 체크하면 오브젝트가 얼마나 회전하는지 미리 확인할 수 있습니다.

04 직선을 한 번 더 회전시키고, 복사하기 위해서 [Object] 〉 [Transform] 〉 [Transform Again]을 선택합니다.

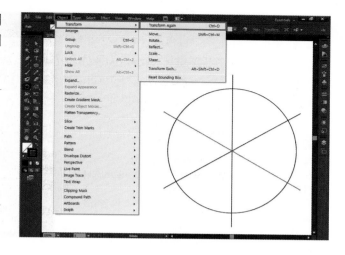

> **기적의 TIP**
> - [Ctrl]+[D] : Transform Again
> - Transform Again 기능을 이용하여 복사하면 이전에 복사된 변형 모드까지 복사됩니다. 즉, 원본으로부터 복사본이 가진 이동, 회전, 크기의 변형까지 기억하여 복사해 줍니다. 자주 사용되는 기능이므로 반드시 단축키를 외워서 사용하는 것이 좋습니다.

05 'Selection Tool'로 원과 직선을 모두 선택하고, Align 패널에서 Align To를 클릭하여 'Align to Selection'을 선택하고, Align Objects에서 'Horizontal Align Center, Vertical Align Center'를 각각 클릭하여 원과 직선을 정렬합니다.

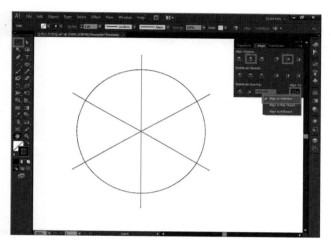

> **기적의 TIP**
> - [Window] 〉 [Align] : Align 패널 열기/닫기
> - Align to Selection은 선택된 오브젝트끼리 서로 정렬합니다.
> - 정렬을 하는 이유는 작업 도중에 원과 직선의 정렬이 틀어졌을 경우, 이를 확인하여 바로잡기 위함입니다.

06 원과 직선이 함께 선택된 상태에서 Pathfinder 패널을 보이게 하고, 'Pathfinders : Divide'를 클릭하여 오브젝트를 분리한 후, 마우스 오른쪽 버튼을 클릭하여 [Ungroup]을 선택합니다.

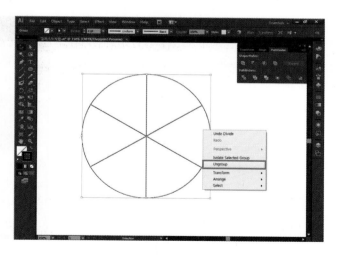

> **기적의 TIP**
> - Pathfinder 패널은 Align 패널의 오른쪽 탭을 클릭하면 됩니다. Pathfinder 패널이 보이지 않는 경우, [Window] 〉 [Pathfinder]를 선택합니다.
> - 오브젝트에 Pathfinder 패널의 기능을 적용하면 자동으로 그룹이 되기 때문에 따로 수정을 하기 위해서는 그룹을 해제해야 합니다.

07 원에서 나눠진 조각을 두 개씩 선택하여 하나로 합쳐야 합니다. 'Selection Tool'로 위쪽에 위치한 두 개의 조각을 함께 선택하고, Pathfinder 패널에서 'Shape Modes : Unite'를 클릭하여 하나로 합칩니다.

F3 기적의 TIP

- Shift + Ctrl + F9 : Pathfinder 패널 열기/닫기
- 여러 개의 오브젝트를 함께 선택하려면 드래그하거나 Shift 를 누른 채 하나씩 차례로 클릭합니다.
- Shape Modes : Unite는 함께 선택된 오브젝트의 영역을 하나로 합칩니다.

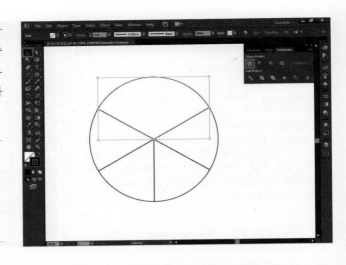

08 같은 방법으로 나머지 조각도 'Shape Modes : Unite'를 적용하여 다음과 같이 세 개의 조각원으로 만듭니다.

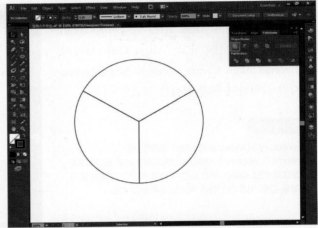

09 다음으로 원의 안쪽에 회전 변형을 적용하여 태극 문양을 만들어 보겠습니다. Tools 패널에서 'Twirl Tool'을 더블클릭하여 [Twirl Tool Options] 대화상자가 열리면 'Width : 100mm, Height : 100mm, Angle : 0°, Intensity : 50%', Twirl Options에서 'Twirl Rate : −120°, Detail 체크 : 10, Simplify 체크 해제'로 설정한 후, [OK] 버튼을 클릭합니다.

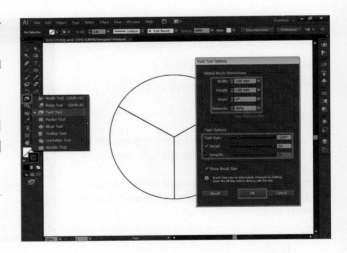

F3 기적의 TIP

- Width와 Height를 원의 크기와 동일하게 설정하는 것이 중요합니다.
- Twirl Rate에서 '−' 수치는 시계방향 회전, '+' 수치는 반시계방향으로 회전합니다.

10 'Twirl Tool'로 원의 중심을 정확히 클릭하여 회전 변형을 적용합니다. 이때 마우스 버튼을 길게 누르거나 여러 번 클릭하여 변형의 정도를 조절할 수 있습니다.

기적의 TIP

변형의 정도가 맘에 들지 않을 경우, Ctrl+Z를 눌러 적용 전으로 돌아간 후, 다시 원의 중심을 클릭하여 적용합니다. 원하는 모양이 나올 때까지 반복합니다.

11 'Selection Tool'로 원을 모두 선택한 후, 'Rotate Tool'을 더블클릭하고, [Rotate] 대화상자를 엽니다. 'Angle : −30°'로 입력하고, [OK] 버튼을 클릭하여 원을 디자인 원고의 문양과 같은 각도로 맞춥니다.

기적의 TIP

Angle에서 '−' 수치는 시계방향으로, '+' 수치는 반시계방향으로 회전합니다.

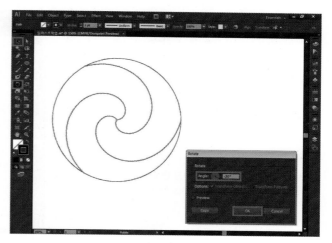

12 다음으로 각 문양 사이에 얇은 빈 공간을 만들기 위해서 Offset Path 기능을 적용해 보겠습니다. 'Selection Tool'로 원에서 한 조각만 선택하고, [Object] 〉 [Path] 〉 [Offset Path]를 선택합니다.

기적의 TIP

Offset Path는 오브젝트의 외곽선 모양을 그대로 축소하거나 확대할 때 사용합니다. Scale과 비슷하지만 Scale은 확대, 축소된 간격의 비율이 일정하지 않기 때문에 외곽선의 모양에 맞춰서 확대, 축소를 하기 위해서는 Offset Path를 사용해야 합니다.

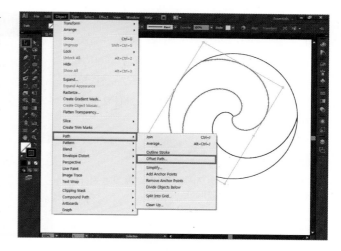

13 [Offset Path] 대화상자에서 'Offset : −0.8mm, Joins : Miter'로 설정한 후, [OK] 버튼을 클릭합니다. 선택된 오브젝트가 입력한 간격만큼 축소 복사되었음을 확인합니다.

· Offset에 '−' 수치는 축소를 의미합니다.
· Miter 옵션은 외곽선 모양을 변형 없이 그대로 확대, 축소하는 기능입니다. 다른 옵션을 선택하면 외곽선 모양이 부드럽게 또는 각진 형태로 변형됩니다.

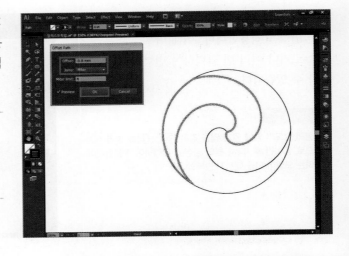

14 같은 방법으로 나머지 조각에도 Offset Path를 같은 옵션으로 적용하여 축소 복사합니다. 이제 기존 외곽선은 필요하지 않기 때문에 'Selection Tool'로 하나씩 선택하고, [Delete]를 눌러 삭제합니다. 다음과 같이 일정한 간격으로 문양 사이에 공간이 만들어 졌음을 확인합니다.

오브젝트를 잘못 선택하여 복사된 안쪽선이 지워지지 않도록 주의합니다. 필요에 따라 화면을 확대, 축소하여 오브젝트를 정확히 선택하고, 작업을 진행하는 것이 좋습니다.

15 원의 파란색 부분은 C100M50Y0K0, 빨간색 부분은 C0M90Y70K0, 노란색 부분은 C0M10Y70K0로 설정하고, 선색은 모두 None로 설정합니다. 'Selection Tool'로 원을 모두 선택하고, [Object] 〉 [Group]을 선택하여 그룹으로 만듭니다.

· 디자인 원고에서는 색상을 지시할 때 CMYK에 '0' 수치가 있는 경우 생략하여 표시합니다.
  ⑩ C100M50Y0K0 → C100M50
· [Ctrl]+[G] : Group
· 여러 개로 나눠진 오브젝트를 그룹으로 만들면 선택이 쉽게 되므로 나중에 포토샵으로 옮길 때 매우 편리합니다.

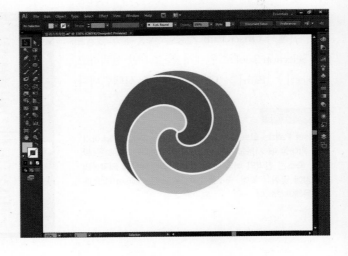

03 벼 모양 그리기

01 벼 모양의 잎사귀 부분을 그리기 위해서 'Pen Tool'을 선택하고, 작업창의 빈 공간을 클릭하여 점을 하나 만든 후, 다음 점을 클릭하고 드래그하여 다음과 같이 선을 그립니다.

📗 **기적의 TIP**

Pen Tool로 부드러운 곡선을 그릴 때는 드래그하면서 선을 그립니다. 반대로 직선을 그릴 때는 클릭만 하면 됩니다.

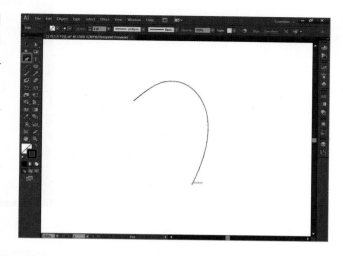

02 뾰족한 점을 만들기 위해서 'Pen Tool'로 마지막에 만든 점을 한 번 더 클릭하고, 다음 점을 계속해서 클릭하고 드래그하여 곡선을 만듭니다. 다음과 같은 곡선 모양이 나오는지 확인합니다.

📗 **기적의 TIP**

최근 시험의 일러스트 난도가 점차 올라가고 있습니다. 특히 복잡한 드로잉 요소가 많이 출제되므로 100% 똑같이 그릴 수는 없더라도 주어진 시간 내에 어느 정도 비슷한 형태를 만들 수 있도록 Pen Tool을 이용한 드로잉을 충분히 연습하도록 합니다.

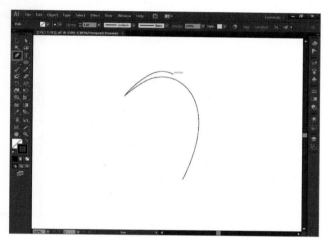

03 계속해서 'Pen Tool'로 벼의 잎사귀 부분을 그려서 디자인 원고와 비슷한 모양이 나오도록 그립니다.

📗 **기적의 TIP**

Pen Tool을 이용하여 오브젝트를 그릴 때 처음부터 원하는 모양을 그리는 것보다 처음에는 간단하게 전체적인 비율만 맞춰서 그린 후, Pen Tool의 수정 기능을 이용하여 좀 더 정확한 모양으로 만드는 것이 시간을 단축할 수 있습니다.

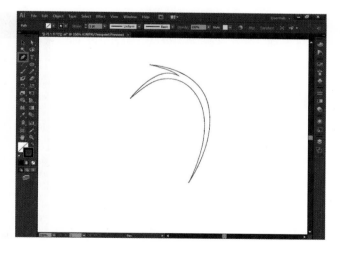

04 벼 잎사귀 모양이 완성되면 면색을 C80M30 Y100K0, 선색은 None으로 설정합니다.

05 다음으로 벼 이삭을 만들기 위해서 'Ellipse Tool'을 선택하고, 벼의 잎사귀 위쪽 갈라진 부분에 타원을 그립니다. 'Selection Tool'로 원을 선택하고, 조절점의 외곽을 드래그하여 다음과 같은 기울기로 회전하여 배치한 후, 면색을 C0M40Y80K0, 선색은 None으로 설정합니다.

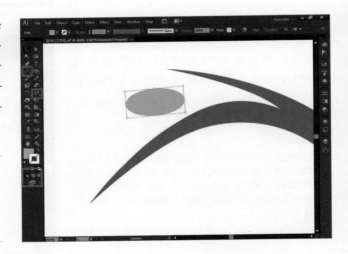

06 'Selection Tool'로 원을 선택하고, [Alt]를 누른 채 드래그하여 원을 복사한 후, 회전하여 배치합니다.

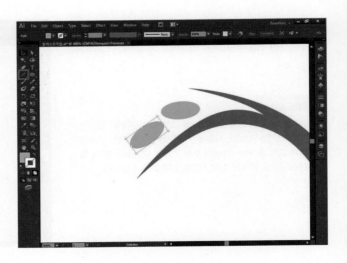

07 원을 여러 개 더 복사하여 이삭 모양을 만듭
니다. 벼의 잎사귀와 이삭을 모두 선택하고,
[Ctrl]+[G]를 눌러 그룹으로 만듭니다. 완성된 벼
모양을 확인하고 [File] > [Save] 메뉴를 선택하여
저장합니다.

기적의 TIP

- [Ctrl]+[G] : Group
- 항상 작업 시작과 도중에는 [Ctrl]+[S]를 눌러 수시로 저장
  하는 습관을 기르도록 합니다.

04 농촌진흥청 로고 만들기

01 다음으로 농촌진흥청 로고를 만들어 보겠습
니다. 'Ellipse Tool'을 선택하고, 작업창의 빈 공
간을 [Shift]를 누른 채 드래그하여 임의의 크기로
정원을 그린 후, 면색은 None, 선색은 임의의 색
으로 설정합니다.

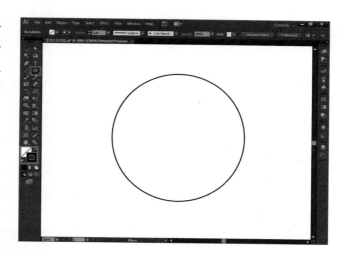

기적의 TIP

실제 시험에서는 디자인 원고에서 오브젝트의 전체적인 비
율을 확인하고, 정확한 수치보다는 직접 도큐먼트에 임의의
크기로 그리는 방법이 빠를 수 있습니다.

02 원이 선택된 상태에서 'Scale Tool'을 더블
클릭하여 [Scale] 대화상자가 열리면 'Uniform :
82%'로 입력한 후, [Copy] 버튼을 클릭하여 원을
축소 복사합니다.

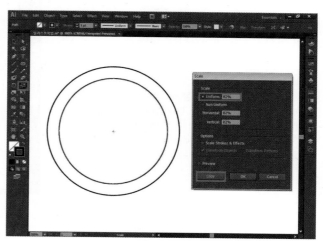

기적의 TIP

Uniform은 좌우 비율을 유지한 채로 확대, 축소합니다. 반대
로 Non-Uniform Scale은 좌우의 비율을 다르게 적용하여
확대, 축소할 수 있습니다.

03 농촌진흥청 로고는 두개의 오브젝트로 이루어져 있기 때문에 미리 작업할 원을 하나 더 복사합니다. 'Selection Tool'로 원들을 선택하고, Alt + Shift 를 누른 채 수평방향으로 드래그하여 원을 복사합니다.

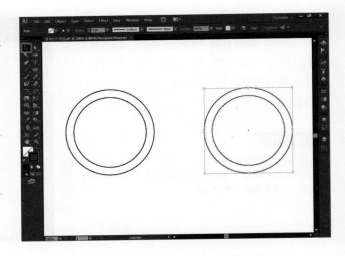

04 복사된 원은 잠시 후 사용할 것입니다. 이제 원본 원들을 선택합니다. Align 패널에서 'Align Objects : Horizontal Align Right'를 클릭하여 오른쪽으로 정렬합니다.

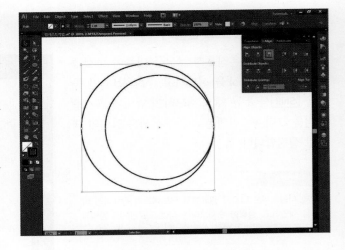

05 작은 원을 선택하고, Alt + Shift 를 누른 채 왼쪽 수평방향으로 드래그하여 복사합니다. 이때 복사된 원의 왼쪽 끝이 큰 원의 왼쪽 끝과 정확히 일치하도록 배치합니다.

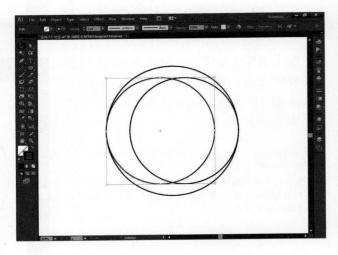

06 바깥쪽의 가장 큰 원만 선택하고, 'Scale Tool'을 더블클릭하여 [Scale] 대화상자가 열리면 'Uniform : 33%'로 입력한 후, [Copy] 버튼을 클릭하여 원을 다음과 같이 축소 복사합니다.

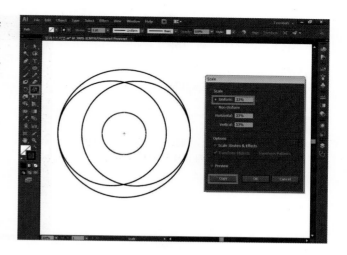

07 중앙에 위치한 가장 작은 원을 정렬하기 위해서 안내선을 이용하겠습니다. [View] 〉 [Rulers] 〉 [Show Rulers]를 선택하여 눈금자를 나타냅니다. 왼쪽 눈금자를 클릭하고, 오른쪽으로 드래그하여 원의 중심에 안내선을 만듭니다.

🅑 기적의 TIP

• Ctrl + R : Show Rulers / Hide Rulers
• 프로그램 버전에 따라 메뉴의 위치가 달라질 수 있습니다.([View] 〉 [Show Rulers])

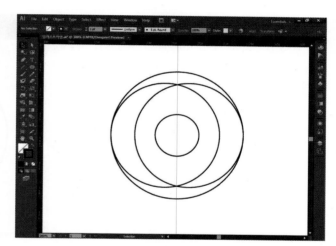

08 'Selection Tool'로 작은 원을 선택하고, Shift 를 누른 채 왼쪽으로 드래그하여 작은 원의 오른쪽 끝과 안내선이 정확히 일치하도록 합니다.

🅑 기적의 TIP

• 원을 이동할 때 상하로 움직이지 않도록 주의합니다.
• Zoom Tool로 필요한 부분을 확대하여 안내선과 원의 오른쪽 끝 부분이 정확히 일치하는지 확인합니다.

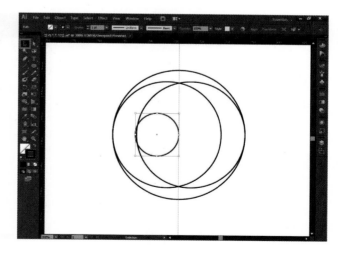

09 'Selection Tool'로 작은 원을 Alt + Shift 를 눌러 채 오른쪽으로 드래그하여 복사합니다. 이때 복사된 원의 왼쪽 끝이 원본 원의 오른쪽 끝과 정확히 일치하도록 합니다.

기적의 TIP

이제 안내선은 필요 없으므로 선택하고, Delete 를 눌러 삭제한 후, Ctrl + R 을 눌러 눈금자 역시 사라지게 합니다.

10 중앙에 위치한 작은 원 2개를 선택하고, 'Rotate Tool'을 더블클릭하여 [Rotate] 대화상자에서 'Angle : −36°'로 입력한 후, [OK] 버튼을 클릭하여 원을 회전합니다.

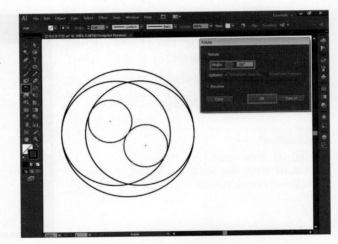

11 가장 큰 원과 오른쪽으로 정렬된 중간 원을 함께 선택하고, Pathfinder 패널에서 'Shape Modes : Minus Front'를 클릭하여 안쪽 원 부분을 오려냅니다. 오려내기 기능이 정상적으로 적용되었는지 확인하기 위해서 임의로 면색을 적용합니다.

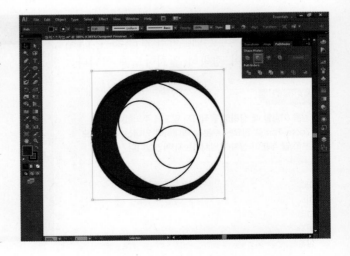

기적의 TIP

• Shift + Ctrl + F9 : Show Pathfinder / Hide Pathfinder
• Shape Modes : Minus Front는 뒤쪽에 위치한 오브젝트에서 앞쪽에 위치한 오브젝트의 면 부분을 오려내는 기능입니다.

12 오려내기 한 원의 아래쪽 부분을 지우기 위해서 'Direct Selection Tool'로 아래쪽에 위치한 점 두 개를 선택하고, [Delete]를 눌러 삭제한 후, 다음과 같은 모양만 남는지 확인합니다.

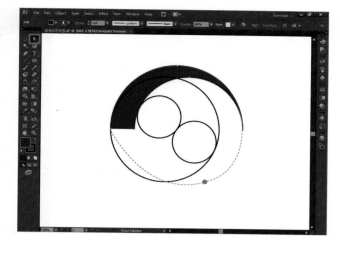

13 'Direct Selection Tool'로 아래쪽 선들을 지웠기 때문에 선이 연결되지 않은 열린 곡선이므로 이제 선을 연결하여 닫힌 곡선으로 수정해야 합니다. 'Pen Tool'을 선택하고, 커서를 왼쪽 두 개의 점 중 하나로 가져간 후, 커서의 모양이 변하면 클릭하고, 다른 점을 클릭하여 닫힌 곡선으로 수정합니다.

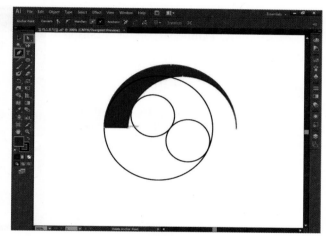

14 다음으로 왼쪽으로 정렬된 중간 크기 원을 수정하겠습니다. 이때 원에서 필요한 부분은 아래쪽 부분이므로 나머지 윗 부분은 삭제하겠습니다. 먼저 삭제할 영역을 표시하기 위해서 'Pen Tool'을 선택하고, 중앙의 작은 원들의 절반 부분만 보이도록 다음과 같은 모양의 도형을 그립니다.

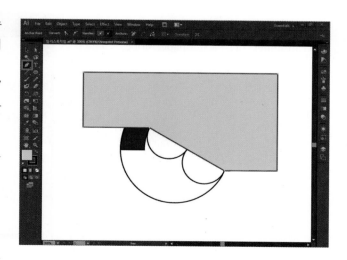

15 삭제 영역 표시용 오브젝트와 왼쪽으로 정렬된 원을 함께 선택하고, Pathfinder 패널에서 'Shape Modes : Minus Front'를 클릭합니다. 다음과 같이 윗 부분은 사라지고 아래쪽 부분만 남았는지 확인합니다.

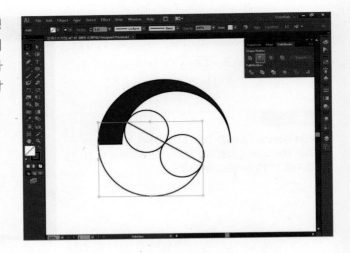

16 이어서 방금 수정한 원과 뾰족한 모양의 원을 함께 선택하고, Pathfinder 패널에서 'Shape Modes : Unite'를 클릭하여 하나로 합칩니다.

> **기적의 TIP**
>
> Unite 적용 후, 색상이 사라지는 이유는 나중에 그려진 오브젝트의 색상 속성으로 합쳐지기 때문입니다. 따라서 나중에 수정한 아래쪽의 원의 면색이 없었으므로 합쳐진 오브젝트도 자동으로 면색이 없습니다.

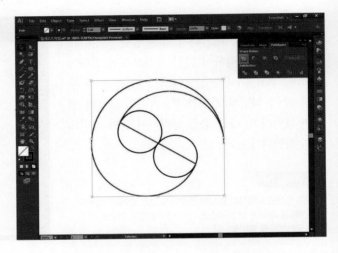

17 합친 원과 중앙에 오른쪽 작은 원을 선택하고, Pathfinder 패널에서 'Shape Modes : Unite'를 클릭하여 하나로 합칩니다.

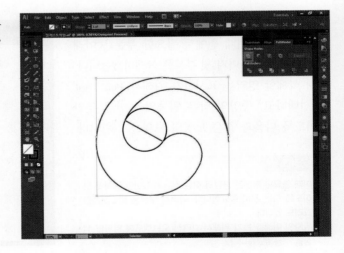

18 이제 합친 원에서 나머지 작은 원 영역을 삭제해야 합니다. 작은 원을 선택하고, 마우스 오른쪽 버튼을 클릭한 후, [Arrange] 〉 [Bring to Front]를 선택하여 작은 원이 큰 원 보다 위쪽에 위치하게 합니다.

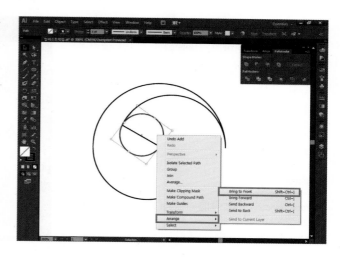

19 원들을 모두 선택하고, 'Shape Modes : Minus Front'를 클릭합니다. 다음과 같은 모양으로 영역이 수정되었는지 확인한 후, 면색을 C100M70Y20K40, 선색은 None으로 설정합니다.

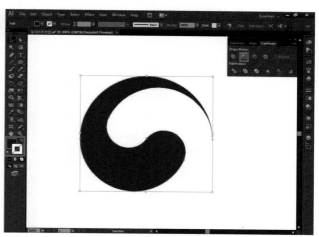

20 다음으로 복사해 두었던 원을 이용하여 로고의 나머지 부분을 만들어 보겠습니다. 원 두 개를 함께 선택하고, Align 패널에서 'Align Objects : Vertical Align bottom'를 클릭하여 아래쪽으로 정렬합니다. 원이 모두 선택된 상태에서 Pathfinder 패널의 'Shape Modes : Minus Front'를 클릭하여 안쪽 원 부분을 큰 원에서 오려냅니다.

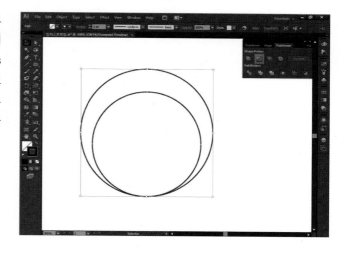

21 'Direct Selection Tool'로 왼쪽 아래쪽에 위치한 선들만 선택하고, [Delete]를 한 번 눌러 삭제한 후, 면색을 C0M100Y80K0, 선색은 None으로 설정합니다. 다음과 같은 모양만 남는지 확인하고, 왼쪽 선이 없는 부분에 'Pen Tool'을 이용하여 선을 만들어서 닫힌 곡선의 오브젝트로 만듭니다.

기적의 TIP

Direct Selection Tool로 점을 선택하여 지우는 것이 아니라 선을 선택하고 지워야 합니다.

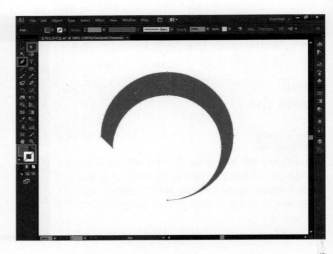

22 'Selection Tool'로 빨간색 오브젝트를 [Shift]를 누른 채 수평방향으로 드래그하여 두 개의 오브젝트가 다음과 같이 정렬되도록 합니다. 빨간색 오브젝트가 파란색 보다 위에 있을 경우, 파란색 오브젝트를 선택하고, [Arrange] 〉 [Bring to Front]를 선택합니다. 모든 작업이 끝나면 함께 선택하고, [Ctrl]+[G]를 눌러 그룹으로 만듭니다.

기적의 TIP

작업 도중 오류로 인해 프로그램이 닫히는 경우가 있으므로 수시로 파일을 저장하는 습관을 기르도록 합니다.

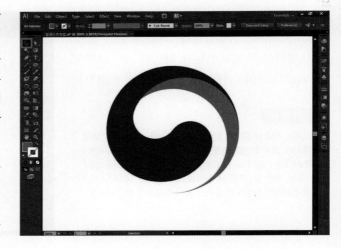

01 깃발 지지대를 만들기 위해서 'Rectangle Tool'을 선택하고, 작업창의 빈 공간에 긴 직사각형을 만듭니다.

02 화면을 확대하고, 'Selection Tool'로 직사각형을 Alt + Shift 를 누른 채 오른쪽으로 드래그하여 복사한 후, 복사된 직사각형의 오른쪽 조절점을 왼쪽으로 드래그하여 가로 넓이를 원본보다 살짝 줄입니다. 같은 방법을 이용하여 직사각형을 하나 더 복사합니다. 왼쪽부터 면색을 C50M70Y70K30, C60M80Y80K40, C50M60Y60K0, 선색은 모두 None으로 설정합니다.

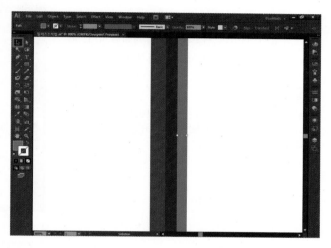

03 같은 방법으로 'Rectangle Tool'과 복사 기능을 이용하여 이번에는 가로 지지대를 만든 후, 아래에서부터 위까지 차례대로 면색은 C50M70Y70K30, C60M80Y80K40, C50M60Y60K0, 선색은 모두 None으로 설정합니다. 가로, 세로 지지대를 모두 선택하고 Ctrl + G 를 눌러 그룹으로 만듭니다.

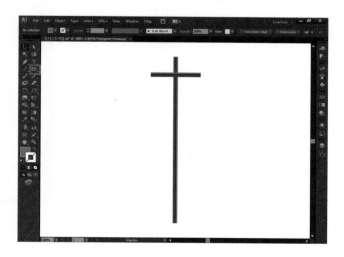

04 다음으로 깃발 지지대의 머리 부분을 만들어 보겠습니다. 'Rounded Rectangle Tool'을 선택하고, 작업창의 빈곳을 드래그하여 둥근 모서리 사각형을 만듭니다. 'Selection Tool'로 그려진 사각형을 다음과 같은 위치에 배치합니다.

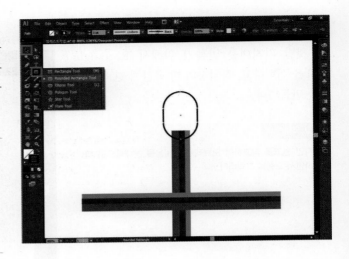

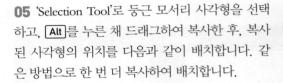

🅑 **기적의 TIP**

• Rounded Rectangle Tool을 이용하여 둥근 모서리 사각형을 그리는 도중(마우스 버튼을 떼지 않고) ⬆, ⬇를 여러 번 눌러서 사각형의 모서리의 둥근 정도를 조절할 수 있습니다.
• Align 패널에서 정렬하여 오브젝트의 가로 위치가 지지대의 중앙에 위치하도록 합니다.

05 'Selection Tool'로 둥근 모서리 사각형을 선택하고, Alt를 누른 채 드래그하여 복사한 후, 복사된 사각형의 위치를 다음과 같이 배치합니다. 같은 방법으로 한 번 더 복사하여 배치합니다.

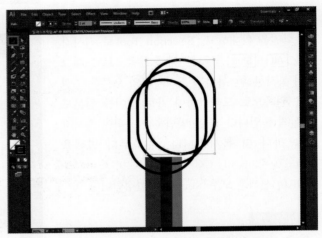

🅑 **기적의 TIP**

오브젝트 복사하기 : Alt를 누른 채 오브젝트를 마우스로 드래그하거나 오브젝트를 선택한 후, Ctrl+C / Ctrl+V를 누릅니다.

06 둥근 모서리 사각형 세 개 모두 선택하고, 'Pathfinders : Divide'를 클릭하여 오브젝트를 분리합니다. 'Direct Selection Tool'을 선택하고, 가장 첫 번째 만든 사각형의 바깥쪽에 있는 필요 없는 선들을 선택한 후, Delete를 두 번 눌러 삭제합니다.

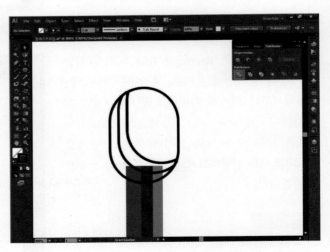

🅑 **기적의 TIP**

Direct Selection Tool로 점이나 선을 선택하고, Delete를 한 번 누르면 직접적으로 연결된 선만 지워지고, 두 번 누르면 연결된 모든 선이 삭제됩니다.

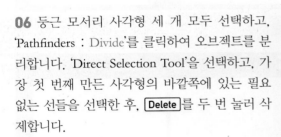

07 'Direct Selection Tool'로 각 도형을 선택하여 왼쪽부터 오른쪽으로 차례대로 면색을 C50M70Y70K30, C60M80Y80K40, C50M60Y60K0으로, 선색은 모두 None로 설정합니다.

기적의 TIP

Direct Selection Tool로 오브젝트 선택이 잘되지 않으면 그 룹을 해제한 후, 'Selection Tool'로 선택해도 됩니다.

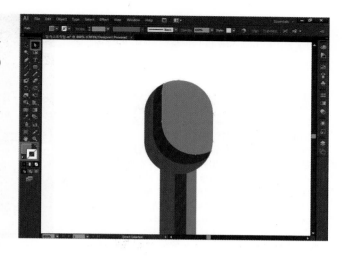

08 'Ellipse Tool'을 선택하고, 지지대의 머리 부분에 다음과 같은 타원 모양을 그린 후, 'Selection Tool'로 원을 선택하고, 조절점의 외곽을 드래그하여 오브젝트를 다음과 같은 기울기로 회전하여 배치합니다. 면색을 C30M40Y40K0, 선색은 None으로 설정합니다.

09 다음으로 지지대의 머리 부분과 가로 지지대를 연결하는 선을 그리기 위해서 'Line Segment Tool'을 선택하고, 가로 지지대의 끝 부분에서 머리 부분까지 선을 그립니다. 선이 선택된 상태에서 상단에 위치한 'Stroke' 수치를 임의로 입력하여 선의 두께를 디자인 원고와 비슷하게 설정한 후, 선색을 C60M80Y80K40으로 설정합니다.

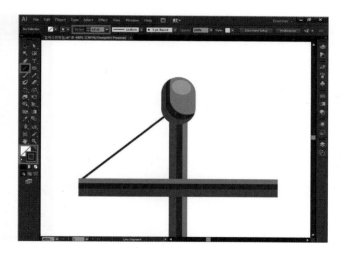

10 'Selection Tool'로 선을 선택하고, [Object] 〉 [Path] 〉 [Outline Stroke]를 선택하여 선을 면 오브젝트로 변환합니다.

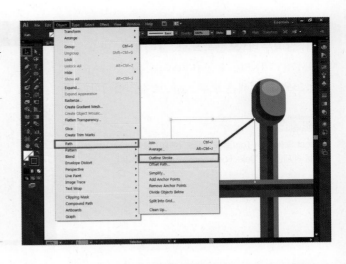

- 면이 없는 선에 [Outline Stroke] 기능을 적용하면 패스 성분이 사라지고 면 속성으로 변경됩니다.
- 선을 면으로 바꾸는 이유 중 첫 번째는 다양한 면에 관련된 수정 기능을 이용하기 위해서 이고, 두 번째는 확대, 축소 기능 적용 시 선 두께를 고정하기 위해서입니다(선을 포함한 모든 오브젝트를 확대, 축소할 때 선 오브젝트의 선 두께는 그대로 유지되므로 다른 확대, 축소된 오브젝트에 비해 두껍게 보이거나 가늘게 보일 수 있습니다).

11 선이 선택된 상태에서 'Reflect Tool'을 더블클릭하고, [Reflect] 대화상자에서 'Vertical'로 설정한 후, [Copy] 버튼을 클릭합니다.

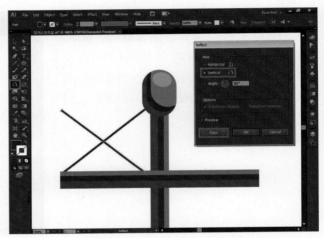

12 'Selection Tool'로 복사된 선을 [Shift]를 누른 채 오른쪽으로 드래그하여 왼쪽 선과 같은 위치에 배치합니다. 2개의 선을 모두 선택하고, 마우스 오른쪽 버튼을 클릭한 후, [Arrange] 〉 [Send to Back]을 선택하여 지지대보다 뒤쪽에 위치하도록 합니다.

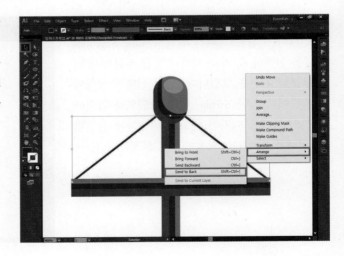

13 다음으로 지지대의 머리 위쪽에 위치한 장식을 만들어 보겠습니다. 'Ellipse Tool'을 선택하고, 작업창의 빈곳을 드래그하여 타원을 그립니다. 타원을 이등분하기 위해서 'Line Segment Tool'을 선택하고, Shift + Alt 를 누른 채 커서를 정확한 원의 중심에서 위쪽으로 드래그하여 직선을 그립니다.

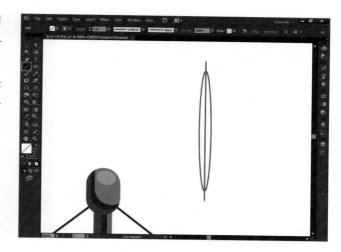

14 'Selection Tool'로 원과 직선을 함께 선택하고, 'Pathfinders : Divide'를 클릭하여 오브젝트를 분리합니다. 'Direct Selection Tool'로 왼쪽부터 차례대로 면색을 C50M70Y70K30, C50M60Y70K20, 선색은 None으로 설정합니다.

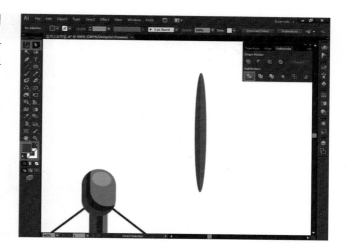

15 'Selection Tool'로 원을 선택하고, 'Rotate Tool'을 선택한 후, Alt 를 누른 채 원의 가장 아래쪽 점을 클릭합니다. [Rotate] 대화상자에서 'Angle : 8°'로 입력하고, [Copy] 버튼을 클릭한 후, ↓를 여러 번 눌러 아래로 위치를 이동합니다.

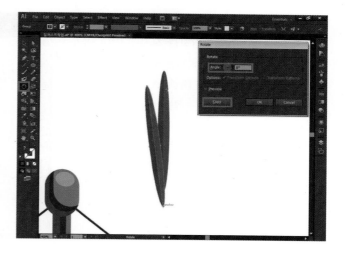

기적의 TIP

Rotate Tool로 오브젝트를 회전할 때 툴을 더블클릭하고, 대화상자에서 회전을 적용하면 무조건 오브젝트의 중심을 기준으로 회전되고, Alt 를 누른 채 오브젝트의 한 지점을 클릭하여 회전을 적용하면 클릭한 곳을 기준으로 회전이 적용됩니다.

16 같은 방법으로 원을 회전 복사하고, 위치 이동하여 다음과 같이 배치한 후, 마우스 오른쪽 버튼을 클릭하고, [Arrange] 〉 [Send to Back]을 선택하여 뒤쪽에 위치하도록 합니다.

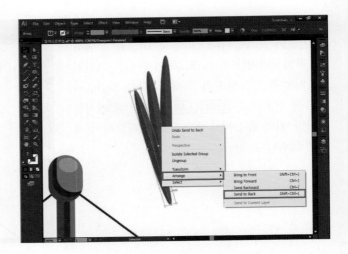

17 복사된 2개의 원을 함께 선택하고, 'Reflect Tool'을 선택한 후, [Alt]를 누른 채 첫 번째 원의 중심을 클릭합니다. [Reflect] 대화상자에서 'Vertical'로 설정하고, [Copy] 버튼을 클릭합니다.

기적의 TIP

Reflect Tool을 이용하여 오브젝트를 뒤집어 복사할 때 [Alt] 를 누른 채 어느 한 지점을 클릭하여 복사되는 기준점을 설정할 수 있습니다.

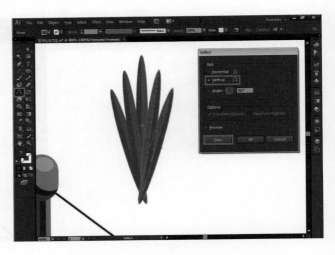

18 'Selection Tool'로 완성된 장식 원들을 드래그하여 함께 선택하고, 위치를 지지대 머리 위쪽으로 배치합니다. 마우스 오른쪽 버튼을 클릭하고, [Arrange] 〉 [Bring to Back]을 선택하여 지지대 머리 뒤쪽에 위치하도록 합니다.

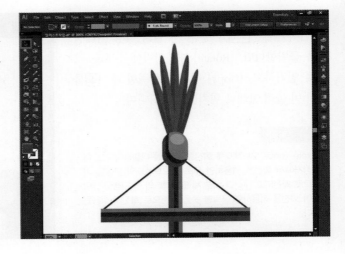

19 다음으로 깃발 부분을 만들어 보겠습니다. 'Rectangle Tool'을 선택하고, 깃발 지지대에 맞춰 다음과 같은 크기로 직사각형을 그린 후, 'Gradient Tool'을 더블클릭하여 Gradient 패널을 엽니다. 'Type : Linear, Angle : 0°'로 설정하고, Gradient의 왼쪽 슬라이더는 'Location : 0%', 'Color : C0M5Y15K0', 오른쪽 슬라이더는 'Location : 100%', 'Color : C0M5Y5K0'으로 설정합니다.

기적의 TIP

슬라이더를 더블클릭하면 색상팔레트가 나타나고, 색상 변경이 가능합니다. 이때 색상이 흑백으로만 표시되는 경우 오른쪽 상단의 메뉴를 클릭하여 CMYK로 변경합니다.

20 깃발 윗 부분에 여섯 가지 색상의 줄무늬를 넣기 위해서 브러쉬 설정을 하겠습니다. Brushes 패널을 클릭하여 열고, 왼쪽 하단에 위치한 Brush Libraries Menu 아이콘을 클릭한 후, [Artistic] 〉 [Artistic_ChalkCharcoalPencil]를 선택합니다. 모든 오브젝트 선택을 해제한 후, Artistic_ChalkCharcoalPencil 패널이 열리면 'Chalk – Round' 브러쉬를 클릭하고, 'Paintbrush Tool'을 선택합니다.

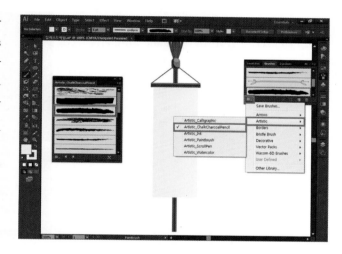

기적의 TIP

모든 오브젝트 선택을 해제하려면 'Selection Tool'로 작업 창의 빈곳을 클릭하면 됩니다.

21 'Paintbrush Tool'로 깃발의 윗 부분을 수평으로 드래그하여 선을 그린 후, 'Stroke' 수치를 조절하여 적당한 선 두께가 나오도록 설정합니다. 같은 방법으로 선을 5개 더 그려서 총 6개의 선을 만든 후, 위에서부터 아래로 차례대로 선색을 C60M50Y10K0, C0M80Y90K0, C60M10Y30K0, C10M10Y90K0, C60M50Y10K0, C30M10Y80K0으로 설정합니다.

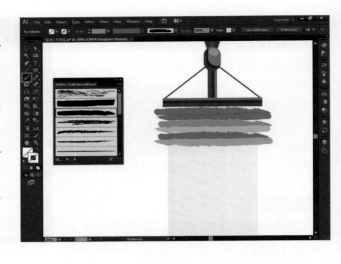

B 기적의 TIP

선 두께 수치 설정은 깃발의 크기에 따라 각자 모두 다를 수 있습니다. 수치를 조절하고, 화면을 확인하면서 적당한 값을 찾도록 합니다.

22 'Selection Tool'로 그려진 선들을 함께 선택하고, [Object] 〉 [Path] 〉 [Outline Stroke]를 선택하여 선을 면 오브젝트로 변환합니다.

23 깃발 바깥쪽 부분에 삐져나온 선들을 보이지 않게 하기 위해서 먼저 영역을 설정하겠습니다. 'Rectangle Tool'을 선택하고, 아래 깃발의 크기만큼 크기로 사각형을 그립니다.

B 기적의 TIP

사각형의 가로 크기는 아래 위치한 깃발의 크기와 같게 만들고, 세로 크기는 선들만 안쪽에 위치하도록 그리면 됩니다.

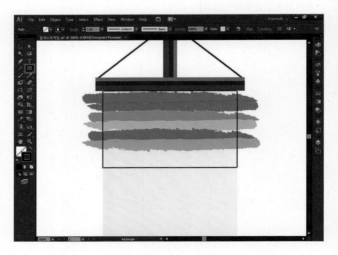

24 선들과 사각형을 모두 선택하고, 마우스 오른쪽 버튼을 클릭한 후, [Make Clipping Mask]를 선택합니다.

🅱 **기적의 TIP**

- Ctrl + 7 : Make Clipping Mask
- Alt + Ctrl + 7 : Release Clipping Mask
- Clipping Mask : 위쪽 오브젝트의 크기만큼만 아래 위치한 오브젝트를 화면에 표시합니다. 이 효과는 해제하거나 다시 적용할 수 있습니다.

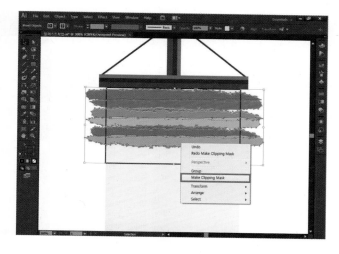

25 다음과 같이 깃발 바깥쪽에 삐져나온 불필요한 선들이 깔끔하게 정리되어 보이지 않는지 확인합니다.

26 다음으로 깃발 아래 부분에 원 무늬를 만들어 보겠습니다. 'Ellipse Tool'을 선택하고, Shift 를 누른 채 작업창의 빈곳을 드래그하여 적당한 크기로 정원을 그린 후, 면색은 None, 선색은 C30M10 Y80K0으로 설정합니다. 다음과 같은 선 두께가 나오도록 'Stroke'를 적절히 설정합니다.

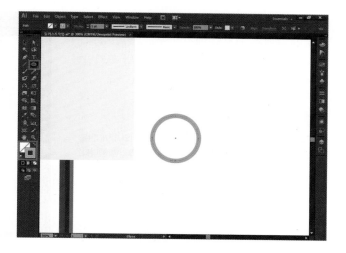

27 'Selection Tool'로 Alt + Shift 를 누른 채 원을 오른쪽 수평방향으로 드래그하여 복사합니다. 이때 원이 다음과 같이 붙어 있도록 정렬합니다. 같은 방법으로 원을 복사하여 총 4개의 원을 만듭니다.

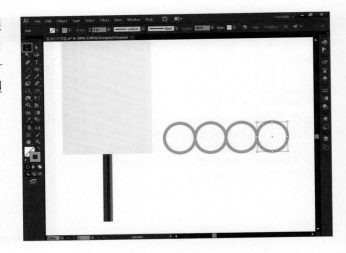

28 'Selection Tool'로 4개의 원을 함께 선택하고, [Object] 〉 [Path] 〉 [Outline Stroke]를 선택하여 선을 면으로 변환한 후, Pathfinder 패널에서 'Shape Modes : Unite'를 클릭하여 하나로 합칩니다.

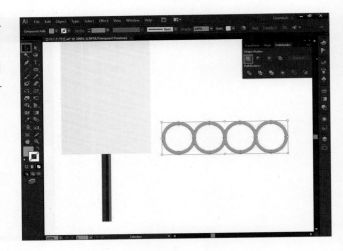

29 원 무늬를 깃발 아래 부분에 디자인 원고와 비슷한 크기와 위치로 배치한 후, 영역설정을 위해서 'Rectangle Tool'을 선택하고, 깃발 크기만큼 크기로 사각형을 그립니다.

🎬 기적의 TIP

사각형의 가로 크기는 아래 위치한 깃발의 크기와 같게 만들고, 세로 크기는 원 무늬만 안쪽에 위치하도록 그리면 됩니다.

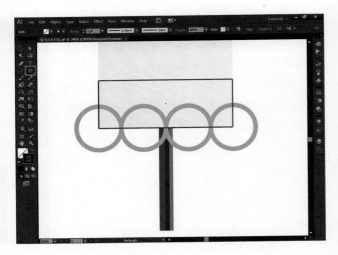

30 원 무늬와 사각형을 모두 선택하고, 마우스 오른쪽 버튼을 클릭한 후, [Make Clipping Mask]를 선택하여 깃발 바깥쪽에 삐져나온 불필요한 부분을 보이지 않도록 숨깁니다.

🅱 **기적의 TIP**

Ctrl + 7 : Make Clipping Mask

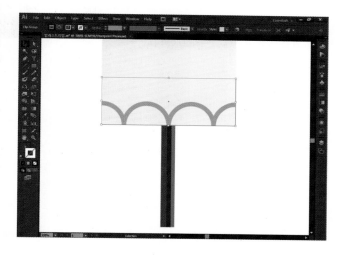

31 다음으로 깃발 옆에 붙어있는 장식을 만들기 위해서 'Polygon Tool'을 선택하고, 작업창의 빈 곳을 클릭하여 [Polygon] 대화상자에서 'Sides : 3', 'Radius'는 적당히 입력한 후, [OK] 버튼을 클릭하여 삼각형을 만듭니다. 면색을 C60M80Y80K40, 선색은 None으로 설정합니다.

🅱 **기적의 TIP**

'Polygon Tool'로 Shift를 누른 채 작업창을 드래그해도 됩니다. 이 때 다각형을 그리는 도중(마우스 버튼을 떼지 않고) ↑, ↓를 눌러서 다각형 종류를 설정할 수 있습니다.

32 삼각형이 선택된 상태에서 'Rotate Tool'을 더블클릭하고, [Rotate] 대화상자에서 'Angle : 90°'로 입력한 후, [OK] 버튼을 클릭하여 삼각형을 회전합니다.

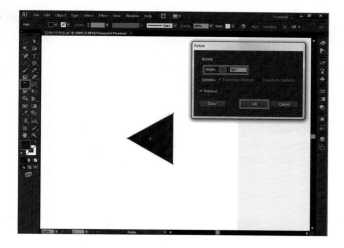

33 'Selection Tool'로 삼각형, 왼쪽 중앙의 크기 조절점을 오른쪽으로 드래그합니다.

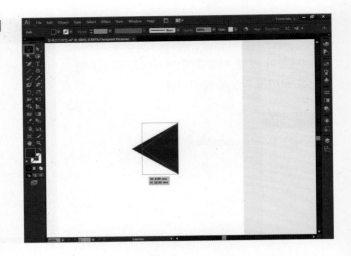

34 'Selection Tool'로 삼각형을 깃발 왼쪽 옆 윗 부분에 배치한 후, [Alt]+[Shift]를 누른 채 아래로 드래그하여 하나 복사하고, 이어서 [Ctrl]+[D]를 여러 번 눌러 삼각형을 여러 개 더 복사합니다.

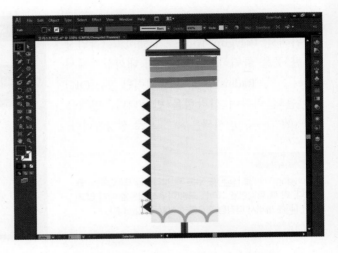

35 'Selection Tool'로 모든 삼각형을 함께 선택 합니다. 'Reflect Tool'을 선택하고, [Alt]를 누른 채 깃발의 가로 중간 지점을 클릭합니다. [Re-flect] 대화상자에서 'Vertical'로 설정하고, [Copy] 버튼을 클릭합니다.

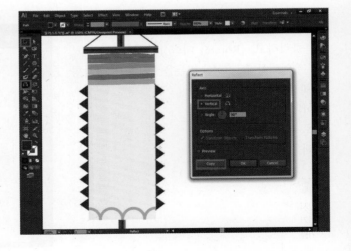

06 깃발에 글자 입력하기

01 다음으로 깃발에 들어갈 글자를 입력해 보겠습니다. 'Vertical Type Tool'을 선택하고, 깃발의 중앙 부분을 클릭한 후, 농자천하지대본을 입력합니다. 색상은 C60M80Y80K40으로, 그리고 폰트와 크기, 자간 등을 적절히 설정합니다.

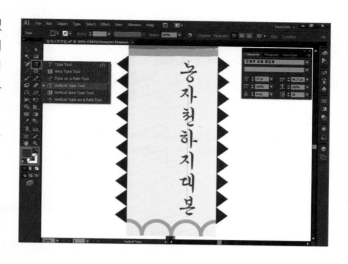

기적의 TIP

- Type Tool로 글자를 입력할 때 오브젝트의 외곽선을 클릭하면 선을 따라 입력되는 패스 문자가 되니 주의해야 합니다.
- 글자의 폰트는 디자인 원고를 확인하여 비슷하게 설정합니다. 완벽하게 똑같은 폰트로 설정하지 않아도 됩니다.
- [Window] 〉 [Type] 〉 [Character]를 선택하여 Character 패널을 열어 폰트, 크기, 자간 등을 설정할 수 있습니다.

02 'Vertical Type Tool'로 다음과 같은 위치에 농을 입력하고, 키보드의 한자키를 눌러 農으로 변환합니다. 색상은 C40M40Y50K0, 크기는 오른쪽에 위치한 글자보다 조금 작게 설정합니다.

기적의 TIP

한자 입력 : 먼저 글자를 한글로 입력한 후, 한자키를 바로 눌러 한문으로 변환할 수 있습니다. 이때 한꺼번에 변환이 안 되기 때문에 한 글자씩 입력하고 변환해야 합니다.

03 같은 방법으로 者天下之大本을 각각 입력합니다. 모든 입력이 끝나면 'Selection Tool'을 선택하고, 상단의 옵션 바에서 'Stroke'를 적당한 수치로 입력하여 글자의 폰트를 두껍게 만든 후, 선색을 C40M40Y50K0으로 설정합니다.

기적의 TIP

한자의 폰트는 매우 제한되어 있기 때문에 두꺼운 폰트를 찾기가 매우 어렵습니다. 따라서 선두께를 적용하여 폰트의 굵기를 설정합니다.

04 'Selection Tool'로 입력된 글자를 모두 선택하고, [Type] > [Create Outlines]를 선택하여 일반 오브젝트로 변환한 후, [Object] > [Path] > [Outline Stroke]를 선택하여 선을 면으로 변환합니다.

B 기적의 TIP

Create Outlines를 적용하면 글자 속성이 사라지고 일반 오브젝트처럼 수정이 가능합니다. 또한 수정 변환 중에 폰트가 바뀔 가능성을 없애는 효과도 있습니다.

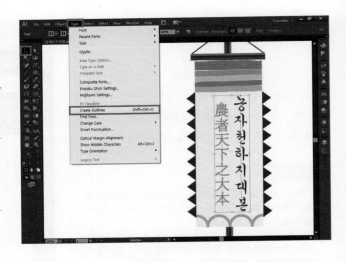

05 깃발과 글자 입력이 모두 마무리되었습니다. 디자인 원고와 비교하여 확인합니다. 'Selection Tool'로 오브젝트를 모두 선택하고, Ctrl +G를 눌러 그룹으로 만든 후, Ctrl+S를 눌러 작업을 저장합니다.

07 허수아비 만들기

01 이번에는 허수아비를 만들어 보겠습니다. 앞서 만든 깃발과 동일한 방법으로 허수아비 지지대를 만들고 색상 역시 똑같이 설정합니다.

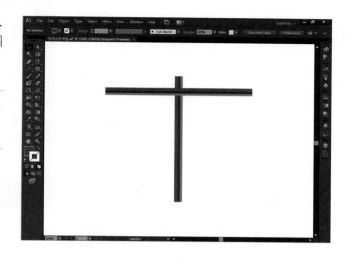

02 다음으로 지지대 윗 부분에 얼굴을 만들어 보겠습니다. 'Ellipse Tool'을 선택하고, Shift를 누른 채 작업창의 빈 공간을 드래그하여 적당한 크기로 정원을 그린 후, 면색을 C0M20Y20K0, 선색은 None으로 설정합니다. 이어서 눈을 만들기 위해서 같은 방법으로 원을 그리고, 하나 더 복사하여 배치한 후, 면색을 C60M80Y10K50, 선색은 None으로 설정합니다.

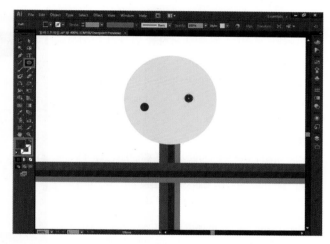

03 얼굴에 입 모양을 만들기 위해서 'Pen Tool'을 선택하고, 입 모양 곡선을 그립니다. Stroke 패널에서 'Weight' 수치를 적당히 입력하여 선 두께를 두껍게 하고, 'Round Cap'을 클릭하여 선 끝을 둥글게 만든 후, 선색을 C60M80Y10K50, 면색은 None으로 설정합니다. [Object] 〉 [Path] 〉 [Outline Stroke]를 선택하여 선을 면으로 변환합니다.

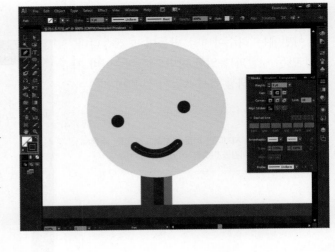

🅑 기적의 TIP

- Stroke 패널에서는 선과 관련된 옵션을 수정할 수 있습니다. 선의 두께와 마감처리, 그리고 점선 만들기 등을 할 수 있습니다.
- Round Cap : 선이 끝나는 지점의 모양을 둥글게 설정합니다. 자주 사용되는 기능이므로 기억해 두어야 합니다.

04 다음으로 얼굴 위쪽에 모자를 만들기 위해서 'Pen Tool'을 선택하고, 모자 모양으로 곡선을 그린 후, 면색을 C30M10Y80K0, 선색은 None으로 설정합니다.

🅑 기적의 TIP

- 최근 시험의 일러스트 난이도가 점차 올라가고 있습니다. 특히 복잡한 드로잉 요소가 많이 출제되므로 100% 똑같이 그릴 수는 없더라도 주어진 시간 내에 어느 정도 비슷한 형태를 만들 수 있도록 'Pen Tool'을 이용한 드로잉을 충분히 연습하도록 합니다.
- Pen Tool의 드로잉 기능뿐만 아니라 수정 기능(점 삭제, 추가, 곡선 만들기, 직선 만들기 등)도 반드시 숙달하도록 합니다.

05 'Pen Tool'을 선택하고, 모자의 오른쪽 부분에 다음과 같은 모양으로 3개의 오브젝트를 각각 그립니다.

작업 시간이 부족한 경우, Pen Tool 대신 Pencil Tool을 이용하여 적당한 모양으로 그려도 됩니다.

06 'Selection Tool'로 방금 그린 3개의 오브젝트와 모자를 함께 선택하고, 'Pathfinders : Divide'를 클릭하여 오브젝트를 분리합니다. 'Direct Selection Tool'로 모자 바깥쪽에 있는 불필요한 선들을 선택하고, [Delete]를 두 번 눌러 삭제합니다. 'Direct Selection Tool'로 3개의 오브젝트를 각각 클릭하여 면색을 C40M20Y85K0, 선색은 None으로 설정합니다.

Pathfinder 기능이 적용되면 그룹 오브젝트가 되기 때문에 따로따로 선택하기 위해서 Direct Selection Tool로 선택합니다.

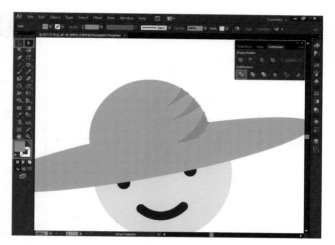

07 이어서 'Pen Tool'로 다음과 같은 모양으로 모자에 2개의 오브젝트를 각각 그린 후, 면색을 C40M20Y85K0, 선색은 None으로 설정합니다.

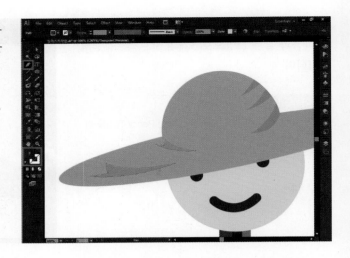

08 다음으로 허수아비 옷을 만들어 보겠습니다. 'Pen Tool'로 지지대의 크기에 맞춰 옷 모양을 그린 후, 'Gradient Tool'을 더블클릭하여 Gradient 패널을 엽니다. 'Type : Linear, Angle : 0'로 설정하고, Gradient의 왼쪽 슬라이더는 'Location : 0%', 'Color : C0M5Y15K0', 오른쪽 슬라이더는 'Location : 100%', 'Color : C0M5Y5K0'으로 설정합니다.

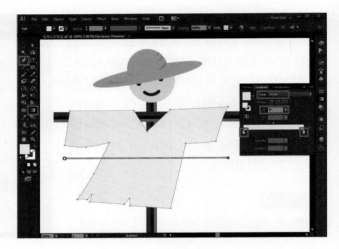

09 옷 위쪽에 옷고름을 만들기 위해서 'Pen Tool'을 이용하여 다음과 같은 모양으로 선을 그린 후, 면색을 C40M40Y50K0, 선색은 None으로 설정합니다.

10 이어서 옷 아래쪽에 옷 안쪽 부분을 표현하기 위해서 'Pen Tool'을 이용하여 다음과 같은 모양으로 선을 그립니다.

11 오브젝트의 면색을 C40M40Y50K0, 선색은 None으로 설정한 후, 마우스 오른쪽 버튼을 클릭하고, [Arrange] 〉 [Send to Back]을 선택하여 뒤쪽으로 배치합니다.

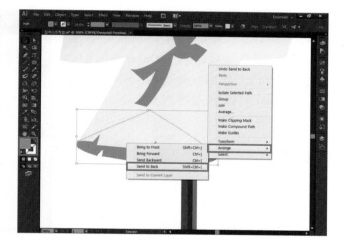

🅑 기적의 TIP

- Shift + Ctrl + [ ] : Send to Back
- Shift + Ctrl + [ ] : Bring to Front

12 같은 방법으로 소매 안쪽을 표현하기 위해서 'Pen Tool'을 이용하여 다음과 같은 모양으로 선을 그리고, 면색을 C40M40Y50K0, 선색은 None으로 설정합니다. 마우스 오른쪽 버튼을 클릭하고, [Arrange] 〉 [Send to Back]을 선택하여 뒤쪽으로 배치합니다.

13 옷에 헝겊으로 덧댄 부분을 표현하기 위해서 'Pen Tool'을 선택하고, 다음과 같은 모양으로 오브젝트를 그립니다.

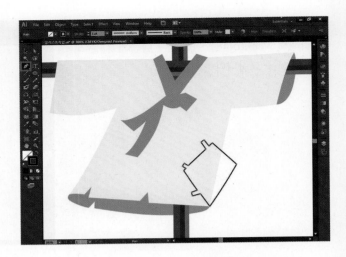

14 'Selection Tool'로 방금 그린 오브젝트와 옷을 함께 선택하고, 'Pathfinders : Divide'를 클릭하여 오브젝트를 분리합니다. 'Direct Selection Tool'로 옷 바깥쪽에 있는 불필요한 선들을 선택하고, Delete 를 두 번 눌러 삭제한 후, 면색을 C10M10Y90K0, 선색은 None으로 설정합니다.

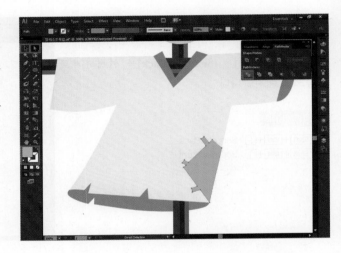

15 같은 방법으로 옷 윗 부분에 헝겊으로 덧댄 부분을 하나 더 만든 후, 면색을 C30M10Y80K0, 선색은 None으로 설정합니다.

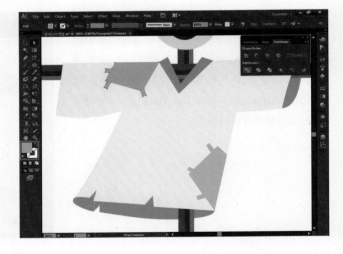

16 옷고름이 뒤쪽으로 배치되어 보이지 않으므로 'Selection Tool'로 옷고름을 선택하고, 마우스 오른쪽 버튼을 클릭하여 [Arrange] > [Bring to Front]을 선택합니다.

기적의 TIP

Pathfinder 기능이 적용되면 오브젝트가 자동으로 앞쪽에 배치되기 때문에 전체적으로 확인하여 뒤쪽으로 숨은 오브젝트가 없는지 확인합니다.

17 허수아비가 완성되었으므로 'Selection Tool'로 오브젝트를 모두 선택하고, Ctrl + G 를 눌러 그룹으로 만든 후, Ctrl + S 를 눌러 일러스트 작업을 저장합니다.

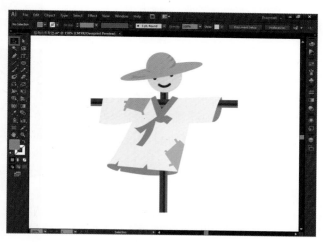

기적의 TIP

작업 도중 오류로 인해 프로그램이 닫히는 경우가 있으므로 수시로 파일을 저장하는 습관을 기르도록 합니다.

08 패턴 문양 만들기

01 'Ellipse Tool'을 선택하고, 작업창의 빈 공간에 다음과 같이 세로가 긴 타원을 그린 후, [View] 〉 [Rulers] 〉 [Show Rulers]를 선택하여 눈금자를 나타냅니다. 왼쪽 눈금자에서 오른쪽으로 드래그하여 타원의 중심에 안내선을 만듭니다.

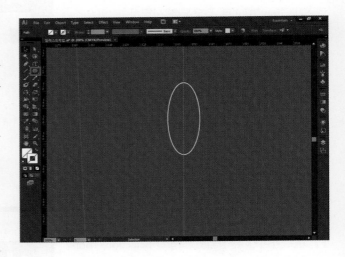

기적의 TIP

• 필요에 따라 [View] 〉 [Overprint Preview]를 선택하여 체크하거나 해제하여 배경색을 설정한 후, 작업할 수 있습니다.
• Ctrl + R : Show Rulers / Hide Rulers
• 프로그램 버전에 따라 메뉴의 위치가 달라질 수 있습니다.([View] 〉 [Show Rulers])

02 'Selection Tool'로 타원을 선택하고, 'Rotate Tool'을 선택합니다. 회전의 중심을 설정하기 위해서 Alt 를 누른 채 타원 바깥쪽 아래 부분 안내선을 클릭하고, [Rotate] 대화상자가 열리면 'Angle : 60˚로 입력한 후, [Copy] 버튼을 클릭하여 타원을 회전 복사합니다.

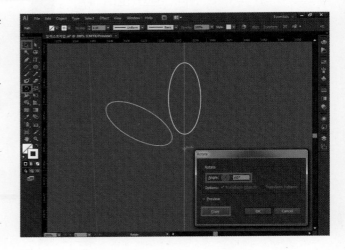

기적의 TIP

Rotate Tool로 오브젝트를 회전할 때 Alt 를 누른 채 한 지점을 클릭하여 회전을 적용하면 클릭한 곳을 기준으로 회전이 적용됩니다.

03 타원을 여러 개 더 복사하기 위해서 Ctrl
+D를 여러 번 눌러 4개 더 복사합니다.

기적의 TIP

• Ctrl+D : Transform Again
• Transform Again 기능을 이용하면 이전에 적용했던 이
동, 회전, 크기의 변형까지 기억하여 복사할 수 있기 있습
니다.
• 사용이 끝난 안내선은 선택하고, Delete를 눌러 삭제할 수
있습니다.

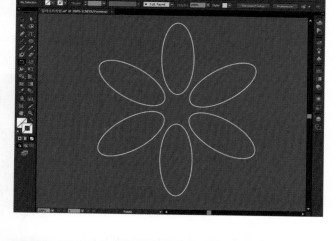

04 'Selection Tool'로 6개의 타원을 선택하고,
Alt를 누른 채 대각선 방향으로 드래그하여 복
사합니다. 면색을 C0M0Y0K0, 선색은 None으
로 설정한 후, 오브젝트를 모두 선택하고, Ctrl
+G를 눌러 그룹으로 만든 후, Ctrl+S를 눌
러 일러스트 작업을 저장합니다.

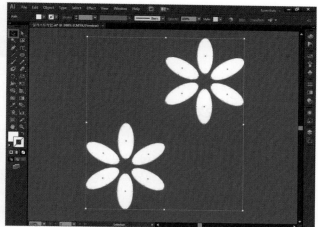

01 새 작업창 만들기

포토샵을 실행하고, [File] 〉 [New]를 선택하여 [New] 대화상자가 열리면 'Width : 166Millimeters, Height : 246Millimeters, Resolution : 100Pixels/Inch, Color Mode : CMYK Color'로 설정한 후, [OK] 버튼을 클릭합니다.

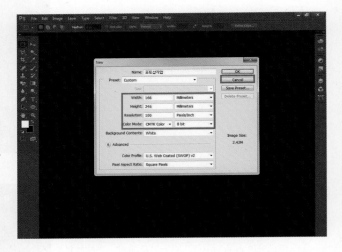

P 기적의 TIP

• Ctrl + N : New(새로 만들기)
• New 대화상자에서 'Name'에 임의의 이름을 입력합니다.

02 그리드 가져오기

01 '일러스트작업' 창에서 '그리드' 레이어의 Toggles Lock 아이콘을 클릭하여 잠금을 해제합니다. 'Selection Tool'로 그리드를 선택하고, Ctrl + C 를 눌러 복사합니다.

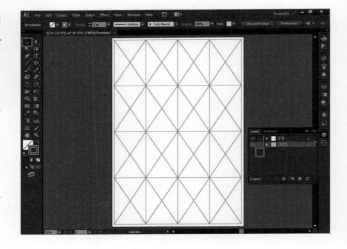

P 기적의 TIP

• Layers 패널이 보이지 않는 경우, [Window] 〉 [Layers]를 선택합니다.
• Ctrl + C 를 눌러 복사하기 전에 격자와 대각선 오브젝트가 모두 선택되었는지 확인합니다.

02 '포토샵작업' 창으로 돌아와 [Ctrl]+[V]를 눌러 그리드를 붙여넣기합니다. [Paste] 대화상자가 열리면 'Pixels'를 선택하고, [OK] 버튼을 클릭합니다.

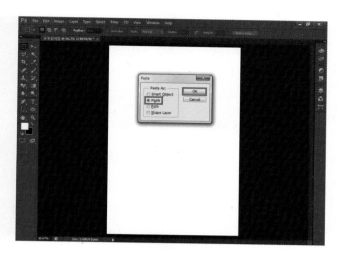

B 기적의 TIP

[Paste] 대화상자에서는 일러스트에서 가져온 오브젝트의 속성을 설정합니다. 대부분 Pixels로 선택하여 일반 비트맵 이미지로 가져오면 됩니다. 비트맵 이미지는 수정 및 효과적용이 자유롭습니다.

03 [Enter]를 눌러 크기와 위치를 확정한 후, Tools 패널에서 'Move Tool'을 선택합니다. Layers 패널에서 'Layer1' 레이어의 이름을 더블클릭하여 그리드로 변경한 후, [Ctrl]을 누른 채 'Background' 레이어를 클릭하여 함께 선택합니다. 상단 옵션 바에서 Align vertical centers, Align horizontal centers를 각각 클릭하여 그리드가 작업창의 정중앙으로 정렬되도록 합니다.

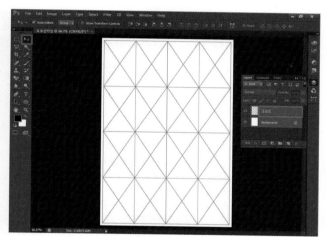

B 기적의 TIP

• 일러스트 오브젝트를 포토샵에 가져왔을 때 자동으로 크기 조절점이 나타나고, 이를 이용하여 오브젝트의 크기와 위치를 조절할 수 있습니다.
• Layers 패널이 보이지 않으면 [Window] 〉 [Layers]를 선택합니다.
• 레이어 이름 변경하려면 Layers 패널에서 레이어의 이름을 더블클릭하고, 변경할 이름을 입력합니다.

04 그리드가 정중앙에 들어왔음을 확인한 후, Layers 패널에서 '그리드' 레이어만 선택하고, Lock All 아이콘을 클릭하여 잠급니다.

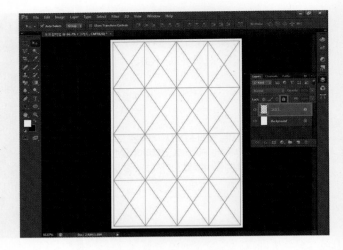

기적의 TIP

Lock All을 클릭하여 해당 레이어가 잠금 상태면 모든 수정이 불가능합니다.

05 작업 중간과정을 저장하기 위해서 [File] 〉 [Save]를 선택합니다. [Save As] 대화상자가 열리면 저장 폴더를 찾아 선택하고, 'File Name : 포토샵작업'으로 입력한 후, [Save] 버튼을 클릭합니다.

기적의 TIP

• 항상 작업 시작과 도중에는 예기치 못한 상황을 대비하여 수시로 저장하는 습관을 길러야 합니다.
• Format : Photoshop을 확인합니다.
• [Save] 버튼을 클릭한 후, [Photoshop Format Options] 대화상자가 열리면 [OK] 버튼을 클릭합니다.

03 그라데이션 배경 작업하기

01 새 레이어를 만들기 위해서 [Layer] 〉 [New] 〉 [Layer]를 선택하여 [New Layer] 대화상자가 열리면 'Name : 배경'으로 입력하여 [OK] 버튼을 클릭합니다. Layers 패널에서 '배경' 레이어의 위치를 '그리드' 레이어 아래로 이동합니다.

🅑 **기적의 TIP**

· 새 레이어 만들기 : [Layer] 〉 [New] 〉 [Layer]를 선택하거나, Layer 패널에서 [Create a new layer] 아이콘을 클릭합니다.
· 새 레이어 이름 수정하기 : Layer 패널에서 이름을 더블클릭하여 수정할 수 있습니다.
· Layers 패널에서 레이어 위치 이동하기 : 해당 레이어를 드래그하여 원하는 위치로 이동합니다.

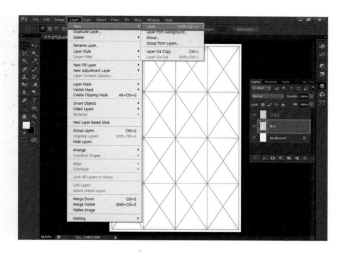

02 새 레이어에 그라데이션 배경을 만들기 위해서 Tools 패널에서 'Gradient Tool'을 선택하고, 전경색을 C35M30Y45K0, 배경색을 C20M15Y40K0으로 설정합니다. 상단에 위치한 옵션 바에서 Gradient Picker(아래쪽 화살표)를 클릭하여 'Foreground to Background'를 선택합니다.

🅑 **기적의 TIP**

· Tools 패널의 아래쪽에 위치한 2개의 색상 박스를 더블클릭하여 전경색과 배경색을 설정할 수 있습니다.
· Foreground to Background는 전경색에서 배경색으로 그라디언트를 적용합니다.

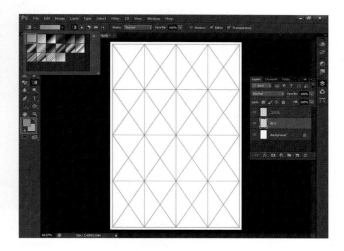

03 작업창의 상단을 클릭하고, [Shift]를 누른 채 아래로 중간 부분까지 드래그하여 그라디언트 배경을 만듭니다.

🅑 **기적의 TIP**

· [Shift]는 그라디언트 적용을 수직 또는 수평, 대각선 45° 방향으로 고정합니다.
· 그라디언트 시작점과 끝점의 위치에 따라 결과물이 달라질 수 있으니 주의합니다. 원하는 그라디언트 배경이 나오지 않으면 [Ctrl]+[Z]를 눌러 이전작업으로 돌아간 후, 다시 그라디언트를 적용합니다. 원하는 배경이 나올 때까지 반복합니다.

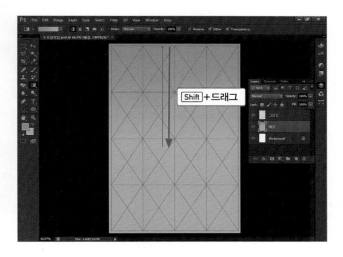

04 이미지로 배경 작업하기

01 배경에 사용할 이미지를 넣기 위해서 [File] > [Open]을 선택하고, [Open] 대화상자가 열리면 산 배경.jpg를 찾아 선택한 후, [Open] 버튼을 클릭하여 이미지를 불러옵니다.

기적의 TIP

- Ctrl + O : Open(열기)
- 소스(제공 파일) 다운로드 : 본 도서의 모든 소스는 영진닷컴 이기적 수험서 사이트(license.youngjin.com) [자료실]에서 다운받으실 수 있습니다.

02 이미지가 열리면 Ctrl + A 를 눌러 전체영역을 선택하고, Ctrl + C 를 눌러 복사합니다.

기적의 TIP

- Ctrl + A : [Select] > [All] 선택과 같은 기능이며 이미지의 전체영역을 선택합니다.
- Ctrl + C : 선택된 영역을 복사하여 메모리에 저장합니다. 나중에 Ctrl + V 를 눌러 붙여넣기합니다.
- 몇 가지 자주 사용하는 중요한 기능은 단축키를 외워서 사용해야 작업 시간을 단축할 수 있습니다.

03 '포토샵작업' 창으로 돌아와 Ctrl + V 를 눌러 산 배경 이미지를 붙여 넣습니다. Ctrl + T 를 눌러 크기 조절점을 나타내고, 크기와 위치를 조절하여 다음과 같이 배치한 후, Enter 를 눌러 확정하고, Layers 패널에서 레이어의 이름을 산 배경으로 변경합니다.

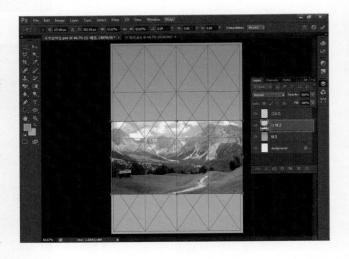

기적의 TIP

- Ctrl + T : Free Transform
- Free Transform을 이용하여 크기 조절을 할 때 모서리의 점을 드래그합니다. 이때 Shift 를 눌러 이미지의 가로, 세로 비율이 유지된 채로 조절해야 합니다.

04 이미지에 흐려지는 블러 효과를 적용하기 위해서 [Filter] > [Blur] > [Gaussian Blur]를 선택하고, [Gaussian Blur] 대화상자에서 'Radius : 18Pixels' 정도로 설정한 후, [OK] 버튼을 클릭합니다.

기적의 TIP

• Gaussian Blur는 이미지를 흐리게 하는 효과입니다. 수치가 올라갈수록 흐림 효과가 심해집니다. 자주 사용되는 효과이므로 사용법을 숙지해야 합니다.
• '그리드' 레이어는 계속 켜둘 필요는 없습니다. 디자인 원고와 비교하여 위치나 크기 등을 조절해야 할 경우 잠시 켜두는 정도로 활용하면 됩니다.

05 Layers 패널에서 'Add Layer mask' 아이콘을 클릭하여 '산 배경' 레이어에 마스크를 적용합니다. 'Gradient Tool'을 선택하고, 전경색을 C0M0Y0K100, 배경색을 C0M0Y0K0으로 설정한 후, 옵션 바에서 'Foreground to Background'를 선택합니다.

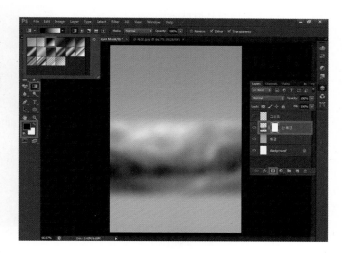

기적의 TIP

• 마스크는 이미지의 일부분을 가려서 보이지 않게 하는 기능으로서 시험에서는 지우개 도구를 사용하여 일부분을 지우는 것보다 마스크를 활용하는 것이 편리합니다.
• 검정색 표기 : C0M0Y0K100 또는 K100
• 흰색 표기 : C0M0Y0K0 또는 W

06 'Gradient Tool'로 산 배경 이미지의 위쪽 부분에서 중앙 부분까지 드래그하여 이미지의 하늘 부분을 보이지 않게 합니다.

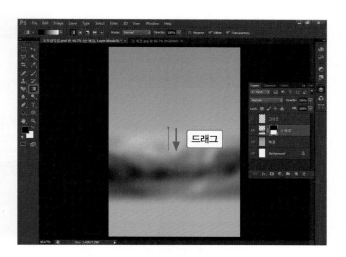

기적의 TIP

• 해당 레이어 왼쪽에 검은색과 흰색의 마스크가 표시됩니다. 검은색이 있는 부분은 해당 레이어의 이미지를 숨깁니다.
• 적용된 마스크가 맘에 들지 않을 경우, Ctrl+Z를 눌러 적용 전으로 돌아간 후, 다시 적용합니다. 원하는 마스크가 나올 때까지 반복합니다.

07 다음 배경 이미지를 불러오기 위해서 [File] 〉 [Open]을 선택하여 황금들녘.jpg를 선택하고, [Open] 버튼을 클릭합니다.

08 이미지가 열리면 [Ctrl]+[A]를 눌러 전체영역 을 선택하고, [Ctrl]+[C]를 눌러 복사합니다. '포 토샵작업' 창으로 돌아와 [Ctrl]+[V]를 눌러 붙여 넣고, [Ctrl]+[T]를 눌러 크기와 위치를 조절하여 다음과 같이 배치한 후, Layers 패널에서 레이어 의 이름을 황금들녘으로 변경합니다.

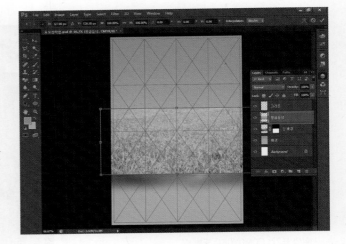

> **(F) 기적의 TIP**
> • 이미지의 위치가 다음과 같이 상단 윗 부분에 위치하게 합 니다. 이미지의 위치에 따라 다음에 적용할 효과의 결과가 달라질 수 있습니다.
> • Free Transform을 이용하여 위치, 크기 조절이 끝난 후, 반드시 [Enter]를 눌러 변경된 내용을 확정해야 합니다.

09 이미지에 구형화 효과를 적용하기 위해 서 [Filter] 〉 [Distort] 〉 [Spherize]를 선택하고, [Spherize] 대화상자가 열리면 'Amount : 100%' 로 설정한 후, [OK] 버튼을 클릭합니다.

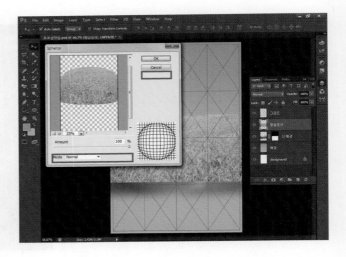

> **(F) 기적의 TIP**
> • 포토샵 버전에 따라 필터 메뉴의 이름 또는 위치가 조금씩 다를 수 있습니다.
> • Spherize 효과를 적용하면 이미지가 구 형태로 변형됩니 다. 효과의 결과는 이미지의 비율, 크기, 위치 등에 영향을 받아 각각 다르게 나타날 수 있습니다.
> • 실제 시험지시서에서는 필터 효과의 이름을 한글로 지시 하거나 제시된 이미지와 같은 효과를 적용하라고 지시하 므로 자주 사용하는 필터의 이름을 한글로 알아둘 필요가 있으며, 필터 효과의 결과가 어떻게 나타나는지도 알아두 어야 합니다.

10 구형화 효과가 다음과 같이 적용되었음을 확인한 후, 'Move Tool'을 선택하고, [Shift]를 누른 채 황금들녘 이미지를 아래로 드래그하여 다음과 같이 아래쪽에 배치합니다.

🅑 기적의 TIP

• Move Tool은 레이어의 선택과, 이동 등에 자주 사용되는 중요한 툴이므로 단축키 [V]를 외워서 사용하는 것이 좋습니다.
• Move Tool로 레이어를 이동할 때 [Shift]는 수평, 수직 방향으로 고정을 의미합니다.
• [←], [→], [↑], [↓]를 눌러 이미지의 위치를 세밀하게 조절할 수 있습니다.

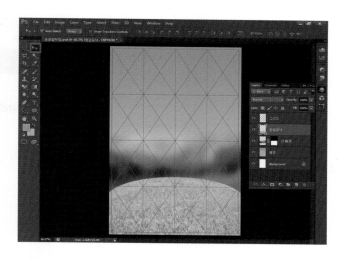

11 [Filter] 〉 [Blur] 〉 [Gaussian Blur]를 선택하고, [Gaussian Blur] 대화상자에서 'Radius : 4.0Pixels' 정도로 설정한 후, [OK] 버튼을 클릭하여 블러 효과를 적용합니다.

🅑 기적의 TIP

• 포토샵 버전에 따라 필터 메뉴의 이름 또는 위치가 조금씩 다를 수 있습니다.
• 실제 시험에서는 정확한 숫자로 입력하기보다는 아래에 위치한 슬라이더를 좌우로 움직이고, 이미지에 적용되는 효과를 확인하면서 적당한 값을 찾는 것이 시간을 줄일 수 있습니다.

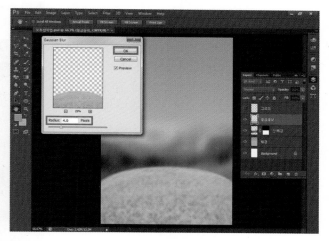

12 이미지를 불러와 배경을 만들었습니다. 디자인 원고와 비교하여 전체적으로 확인한 후, [Ctrl]+[S]를 눌러 저장합니다.

🅑 기적의 TIP

[Ctrl]+[S] : Save

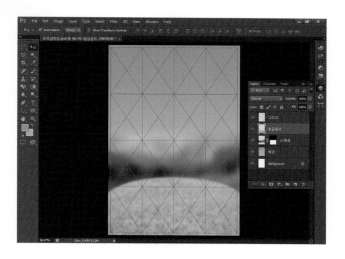

05 삼색 태극 문양 배치하기

01 '일러스트작업' 창에서 삼색 태극 문양을 선택하고, Ctrl+C를 눌러 복사합니다.

🔖 기적의 TIP

일러스트에서는 필요한 오브젝트를 선택하기 위해서 해당 레이어를 먼저 선택할 필요는 없습니다. 만약 오브젝트가 선택이 되지 않는 경우, Layers 패널을 열어 해당 레이어의 잠금 여부를 확인합니다.

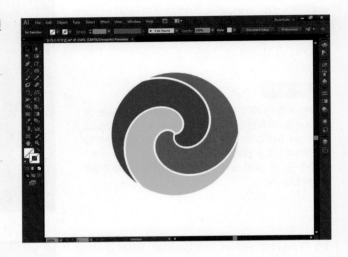

02 '포토샵작업' 창에 Ctrl+V를 눌러 붙여넣기합니다. [Paste] 대화상자에서 'Pixels'를 선택하고, [OK] 버튼을 클릭한 후, 크기와 위치를 조절하여 디자인 원고의 제시된 위치에 맞게 배치합니다.

🔖 기적의 TIP

일반 레이어의 크기를 확대하면 이미지의 품질이 떨어지게 됩니다. 하지만 일러스트에서 처음으로 포토샵에 붙여넣기 할 때는 이와 상관없이 이미지의 품질이 일정하게 유지되므로 자유롭게 확대, 축소를 하여 배치할 수 있습니다.

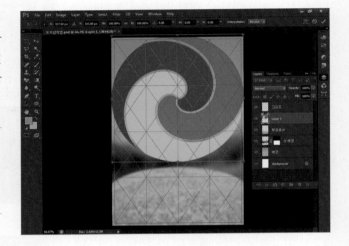

03 삼색 태극 문양을 색상별로 하나씩 분리하기 위해서 'Magic Wand Tool'을 선택하고, 삼색 태극 문양의 빨간색 부분을 클릭한 후, [Layer] 〉 [New] 〉 [Layer via Cut]를 선택합니다. Layers 패널에서 삼색 태극 문양의 빨간색 부분이 새 레이어로 만들어 졌는지 확인합니다.

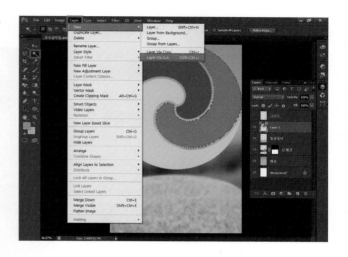

🅑 기적의 TIP

- Magic Wand Tool은 인접한 같은 색상을 기준으로 영역을 자동선택하는 기능입니다. 이때 옵션 바에서 Tolerance 수치를 올리면 색상의 선택 기준을 완화하여 인접한 비슷한 색상까지 선택할 수 있습니다.
- Layer via Cut은 선택된 부분을 잘라내어 새 레이어로 만듭니다.
- Layer via Cut : Shift + Ctrl + J

04 Layers 패널에서 나머지 태극 문양이 남아있는 레이어를 선택하고, 같은 방법으로 파란색 부분도 'Magic Wand Tool'로 선택한 후, [Layer] 〉 [New] 〉 [Layer via Cut]를 선택하여 새 레이어로 만듭니다. Layers 패널에서 레이어의 이름을 빨간색 문양은 태극 01, 파란색은 태극 02, 노란색은 태극 03으로 변경합니다.

🅑 기적의 TIP

- Layers 패널에서 삼색 태극 문양이 색상별로 분리가 되었는지 반드시 확인합니다.
- 레이어의 이름은 임의로 입력해도 됩니다.

06 삼색 태극 문양에 패턴 적용하기

01 [File] 〉 [New] 메뉴를 선택하고, [New] 대화상자에서 'Width : 200Pixel, Height : 200Pixel, Resolution : 100Pixels/Inch, Color Mode : CMYK Color'로 설정한 후, [OK] 버튼을 클릭합니다.

> **B 기적의 TIP**
>
> 패턴은 같은 무늬가 반복적으로 적용되는 것이므로 가장 작은 단위의 패턴을 만들 때 작은 사이즈로 만들어도 됩니다.

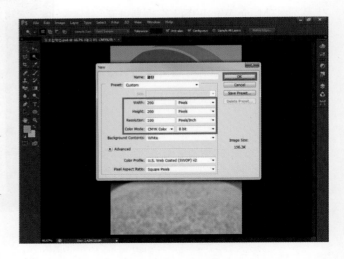

02 '일러스트작업' 창에서 패턴을 선택하고, Ctrl + C 를 눌러 복사합니다.

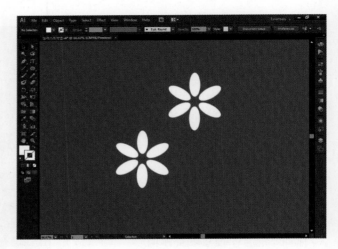

03 포토샵의 새로 만든 창에 Ctrl + V 를 눌러 붙여넣기합니다. Layers 패널에서 'Background' 레이어의 Indicates layer visibility를 클릭하여 숨기고, 패턴을 등록하기 위해서 [Edit] 〉 [Define Pattern]을 선택하여 [Pattern Name] 대화상자가 열리면 패턴으로 입력한 후, [OK] 버튼을 클릭합니다.

> **B 기적의 TIP**
>
> Indicates layer visibility : 눈 모양 아이콘으로 해당 레이어를 화면에서 보이지 않도록 잠시 숨기거나 보이게 합니다.

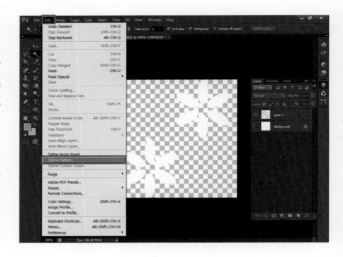

04 '포토샵작업' 창으로 돌아와 Layers 패널에서 '태극 01' 레이어를 선택하고, [Layer] 〉 [Layer Style] 〉 [Pattern Overlay]를 선택합니다.

⒝ 기적의 TIP

- [Layer Style] 대화상자를 상단 메뉴가 아닌 Layers 패널에서 레이어 이름 옆의 빈 공간을 더블클릭하여 열 수 있습니다.
- Pattern Overlay는 레이어에 패턴을 적용하는 기능입니다.

05 [Layer Style] 대화상자가 열리면 Pattern Overlay 설정에서 'Pattern' 옆의 작은 화살표를 클릭하여 앞서 등록한 패턴을 선택하고, 'Blend Mode : Lighter Color, Opacity : 12%, Scale : 50%'로 설정합니다.

⒝ 기적의 TIP

Scale 수치는 각자 다를 수 있으니 적용된 결과물을 확인하며 적당한 수치로 설정합니다.

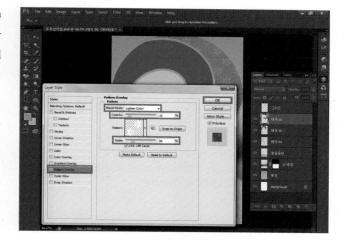

06 [Layer Style] 대화상자에서 'Outer Glow'를 클릭하고, 'Blend Mode : Screen, Opacity : 35%, 색상 : C0M0Y0K0, Spread : 10%, Size : 55px'로 설정한 후, [OK] 버튼을 클릭합니다.

⒝ 기적의 TIP

Outer Glow는 레이어 외곽에 밝게 빛나는 효과를 추가하는 기능입니다.

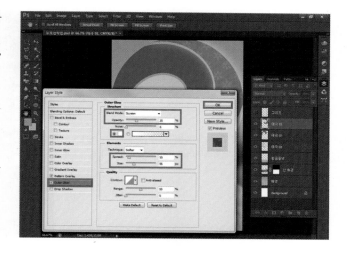

07 '태극 01' 레이어에 꽃무늬 패턴이 자연스럽게 보이고, 외곽 부분에 밝은 빛이 적용되었음을 확인합니다.

Layer Style이 적용되면 해당 레이어 아래쪽에 적용된 효과가 목록으로 표시됩니다. 해당 효과 왼쪽의 눈 아이콘을 클릭하면 효과를 잠시 숨기거나 다시 보이게 할 수 있습니다.

08 적용된 패턴과 빛 효과 Layer Style을 다른 태극 문양에도 똑같이 적용하기 위해서 Layers 패널에서 '태극 01' 레이어에 마우스 오른쪽 버튼을 클릭하고, [Copy Layer Style]을 선택하여 효과를 복사합니다.

Layer Style 효과를 앞선 방법으로 하나씩 적용해도 되지만 같은 옵션으로 적용해야 하는 작업이라면 효과를 복사, 붙여넣기로 적용하여 시간을 단축할 수 있습니다.

09 Layers 패널에서 '태극 02', '태극 03' 레이어를 함께 선택하고, 마우스 오른쪽 버튼을 클릭한후, [Paste Layer Style]를 선택하여 복사된 효과를 붙여넣기합니다.

Layers 패널에서 여러 개의 레이어를 함께 선택하려면 Ctrl 또는 Shift를 누른 채 해당 레이어를 차례로 클릭합니다.

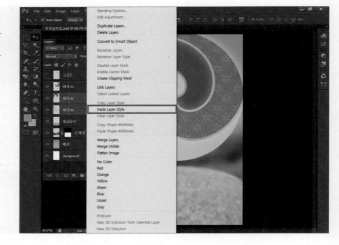

10 모든 삼색 태극 문양에 꽃무늬 패턴과 외곽 부분에 빛이 적용되었는지 확인한 후, Ctrl + S 를 눌러 저장합니다.

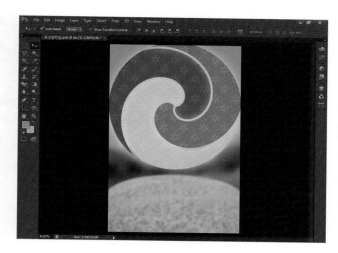

07 삼색 태극 문양에 이미지 합성하기

01 다음으로 삼색 태극 문양에 제공된 이미지를 합성해 보겠습니다. [File] > [Open]을 선택하여 당근.jpg를 불러옵니다.

기적의 TIP

• Ctrl + O : Open(열기)
• 자주 사용되는 기능이므로 단축키를 외워서 사용하는 것이 좋습니다.

02 당근 이미지가 열리면 색상과 채도 등을 수정하기 위해서 [Image] > [Adjustments] > [Hue/Saturation]을 선택합니다.

기적의 TIP

Indicates layer visibility : 눈 모양 아이콘으로 해당 레이어를 화면에서 보이지 않도록 잠시 숨기거나 보이게 합니다.

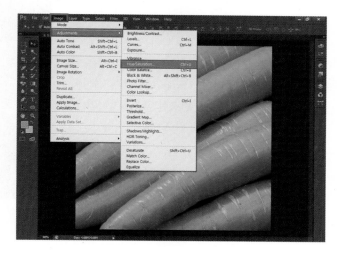

03 [Hue/Saturation] 대화상자가 열리면 'Satu-
ration : −20, Lightness : −40'으로 입력한 후,
[OK] 버튼을 클릭합니다.

🄵 기적의 TIP

- Saturation : 이미지의 채도를 조절합니다. 수치를 −100으
  로 조절하면 흑백 이미지가 됩니다.
- Lightness : 이미지의 밝기를 조절합니다. 0이 되면 검은
  색, 100이 되면 흰색의 이미지가 됩니다.
- 실제 시험에서는 정확한 수치보다 각 옵션의 아래 위치한
  슬라이더를 조절하면서 이미지 변화를 확인하고, 적당한
  값을 찾는 것이 시간을 줄일 수 있습니다.

04 블러 효과를 적용하기 위해서 [Filter] 〉
[Blur] 〉 [Gaussian Blur]를 선택하고, [Gaussian
Blur] 대화상자에서 'Radius : 20Pixels' 정도로 설
정한 후, [OK] 버튼을 클릭합니다.

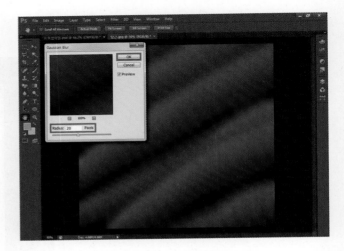

05 당근 이미지에서 Ctrl+A를 눌러 전체영역
을 선택하고, Ctrl+C를 눌러 복사합니다. '포토
샵작업' 창에 Ctrl+V를 눌러 이미지를 붙여 넣
고, Ctrl+T를 눌러 크기와 위치를 조절하여 삼
색 태극 문양에서 빨간색 부분만 가릴 수 있을 만
큼의 크기로 배치합니다. Layers 패널에서 레이어
의 이름을 문양합성 01로 변경한 후, 레이어의 위
치를 '태극 01' 레이어 바로 위로 이동합니다.

🄵 기적의 TIP

Layers 패널에서 레이어의 순서에 주의합니다. 레이어의 순
서에 따라 완전히 다른 결과가 나올 수 있습니다.

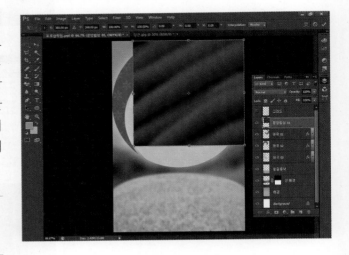

06 Layers 패널에서 '문양합성 01' 레이어의 'Opacity : 60%'으로 설정한 후, 레이어에서 마우스 오른쪽 버튼을 클릭하고, [Create Clipping Mask]를 선택합니다.

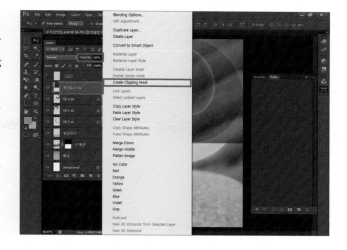

기적의 TIP

Create Clipping Mask : 해당 레이어 이미지를 아래 위치한 레이어의 모양대로만 화면에 표시합니다.

07 당근 이미지가 아래 위치한 삼색 태극 문양의 빨간색 부분에만 보이는지 확인합니다.

기적의 TIP

Clipping Mask가 올바로 동작하기 위해서는 반드시 '문양합성 01' 레이어가 '태극 01' 레이어 바로 위에 위치해야 합니다.

08 삼색 태극 문양의 파란색 부분에 합성할 이미지를 불러오기 위해서 [File] > [Open] 메뉴를 선택하고, 블루베리.jpg를 불러옵니다.

09 같은 방법을 이용하여 블루베리 이미지를 수정해 보겠습니다. [Image] > [Adjustments] > [Hue/Saturation]을 선택하고, 'Saturation : −15, Lightness : −20'으로 입력한 후, [OK] 버튼을 클릭합니다. 이어서 [Filter] > [Blur] > [Gaussian Blur]를 선택하고, 'Radius : 20Pixels'로 설정한 후, [OK] 버튼을 클릭합니다.

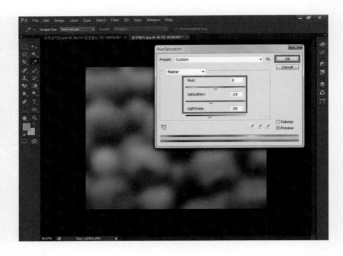

10 '포토샵작업' 창에 블루베리 이미지를 붙여 넣고, Ctrl+T를 눌러 크기와 위치를 조절하여 삼색 태극 문양에서 파란색 부분만 가릴 수 있을 만큼의 크기로 배치합니다. Layers 패널에서 레이어의 이름을 문양합성 02, 위치는 '태극 02' 레이어 위로 이동합니다. 레이어의 'Opacity : 60%', 마우스 오른쪽 버튼을 클릭하고, [Create Clipping Mask]를 선택합니다.

11 다음으로 노란색 부분에 합성할 이미지를 불러오기 위해서 [File] > [Open] 메뉴를 선택하고, 상추.jpg를 불러옵니다. [Image] > [Adjustments] > [Hue/Saturation]을 선택하고, 'Lightness : −20'으로 입력한 후, [OK] 버튼을 클릭합니다. 이어서 [Gaussian Blur]를 같은 옵션으로 적용합니다.

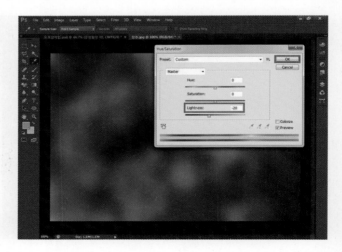

12 '포토샵작업' 창에 상추 이미지를 붙여 넣고, 크기와 위치를 조절하여 노란색 부분만 가릴 수 있도록 배치합니다. Layers 패널에서 레이어의 이름을 문양 합성 03, 위치는 '태극 03' 레이어 위로 이동합니다. 레이어의 'Opacity : 60%', 그리고 [Create Clipping Mask]를 적용합니다.

기적의 TIP

• 필요에 따라 '그리드' 레이어는 보이게 하고, 디자인 원고와 비교하여 위치나 크기 등을 확인합니다.
• 항상 작업 시작과 도중에는 Ctrl + S 를 눌러 수시로 저장하는 습관을 기르도록 합니다.

08 한지 질감 표현하기

01 다음으로 이미지 전체에 한지 질감을 표현해보겠습니다. 먼저 한지 질감 패턴을 만들기 위해서 [File] > [Open]을 선택하고, 한지.jpg를 불러옵니다. [Edit] > [Define Pattern]을 선택하고, [Pattern Name] 대화상자가 열리면 한지로 입력한 후, [OK] 버튼을 클릭하여 패턴으로 등록합니다.

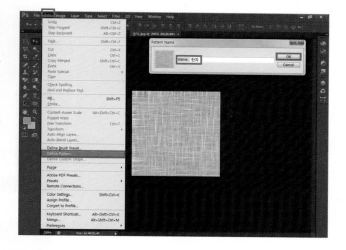

02 '포토샵작업' 창으로 돌아와 새 레이어를 만들고, 이름을 한지패턴으로 입력한 후, Layers 패널에서 레이어의 위치를 '그리드' 레이어 아래로 이동합니다.

기적의 TIP

새 레이어 만들기 : Layer 패널 [Create a new layer] 아이콘 클릭 or [Layer] > [New] > [Layer] 선택

03 '한지패턴' 레이어가 선택된 상태에서 [Edit] 〉 [Fill]을 선택합니다.

기적의 TIP

Fill : 선택된 레이어 또는 영역에 색상, 패턴, 무늬 등을 채웁니다.

04 [Fill] 대화상자가 열리면 'Use : Pattern'으로 설정하고, 'Custom Pattern' 옆의 작은 화살표를 클릭하여 앞서 등록한 패턴을 선택한 후, [OK] 버튼을 클릭합니다.

05 전체 영역이 패턴으로 채워진 것을 확인하고, Layers 패널에서 '한지패턴' 레이어의 'Blend Mode : Linear Burn, Opacity : 30%'로 설정합니다.

기적의 TIP

실제 시험의 디자인 원고에서는 합성에 대한 Blend Mode의 종류를 따로 지정해주지 않기 때문에 여러 가지 Blend Mode를 시험해보고, 적당한 것을 선택하면 됩니다.

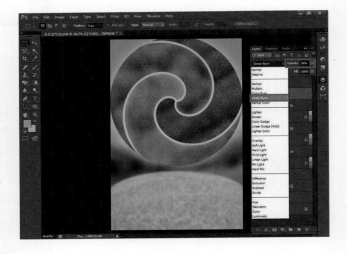

09 행사안내 글자 틀 만들기

01 다음으로 행사안내 글자가 들어갈 사각형 틀을 만들어 보겠습니다. 새 레이어를 만들고, 이름을 망점 박스로 입력합니다. 'Rectangular Marquee Tool'을 클릭하고, 디자인 원고를 참고로 아래 부분을 사각형 모양으로 선택합니다. 전경색을 C30M30Y30K0으로 설정하고, Alt + Delete 를 눌러 색을 채웁니다.

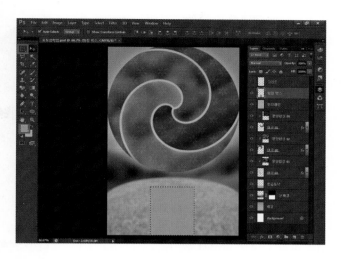

기적의 TIP

- Alt + Delete : 전경색으로 채우기
- 전경색/배경색 채우기는 자주 사용되므로 단축키를 외워서 사용하는 것이 좋습니다.

02 선택영역에 필터효과를 적용하기 위해서 먼저 색상 모드를 변경해야 합니다. [Image] > [Mode] > [RGB Color]를 선택하여 CMYK 모드에서 RGB 모드로 변경합니다. 이때 [Adobe Photoshop CS6 Extended] 대화상자가 열리면 [Don't Flatten] 버튼을 클릭합니다.

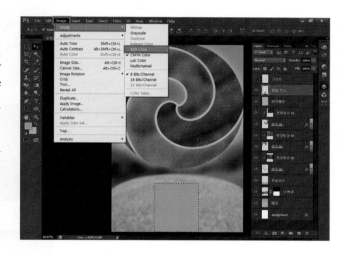

기적의 TIP

- 특정한 필터효과는 CMYK 모드에서는 동작하지 않기 때문에 잠시 RGB 모드로 변경하는 것입니다. 필터 적용 후, 다시 CMYK 모드로 전환하면 원래 작업했던 색상으로 유지됩니다.
- [Flatten]을 선택하게 되면 모든 레이어가 하나로 합쳐지므로 주의합니다.

03 [Filter] > [Filter Gallery]를 선택합니다.

기적의 TIP

포토샵 버전에 따라 필터 메뉴의 위치가 다를 수 있습니다.
[Filter] > [Sketch] > [Halftone Pattern]

04 필터 갤러리가 열리면 [Sketch] 〉[Halftone Pattern]를 선택하고, 'Size : 1, Contrast : 50, Pattern Type : Dot'로 설정한 후, [OK] 버튼을 클릭합니다.

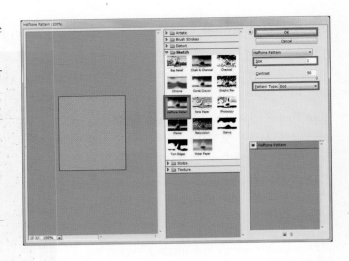

기적의 TIP

- Halftone Pattern은 선택된 영역에 단순한 패턴을 만드는 필터 효과입니다.
- 옵션 설정 후, 왼쪽 화면에서 망점이 제대로 표시되는지 확인합니다. 망점이 잘 보이지 않는 경우, Size 수치를 2에서 3 정도로 변경하고, 다시 확인합니다.

05 망점 효과를 확인한 후, [Image] 〉[Mode] 〉[CMYK Color]를 선택하여 다시 CMYK 모드로 돌아옵니다.

기적의 TIP

- 메뉴 선택 후, 대화상자가 열리면 반드시 [Don't Flatten] 버튼을 선택해야 합니다. [Flatten]을 실수로 선택한 경우, Ctrl + Z를 눌러 이전 상태로 복귀한 후, 다시 모드를 변경합니다.
- 행사안내 글자는 인디자인 프로그램에서 입력하는 것이 좋습니다. 비교적 작은 크기의 글자들은 포토샵에서 입력할 경우, 해상도 문제로 선명하게 출력되지 않기 때문입니다.

06 '망점 박스' 레이어의 Layers 패널에서 'Blend Mode : Multiply, Opacity : 60%'로 설정합니다.

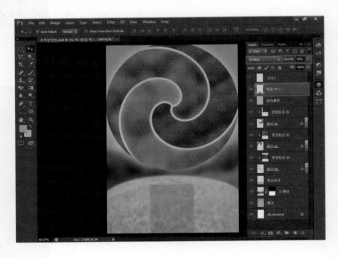

기적의 TIP

- 나중에 글자가 들어갈 틀이므로 너무 어두우면 글자가 보이지 않게 됩니다. 각자 판단하여 Opacity를 40~60% 내외로 설정합니다.
- 선택영역을 설정하고, 명령이나 기능을 수행한 후, 반드시 Ctrl + D를 눌러 선택영역을 해제하고, 다음 작업을 진행합니다. 책에서 따로 선택영역 해제에 대한 지시가 없더라도 무조건 선택영역을 해제한 후, 다음 명령을 실행하는 것이 좋습니다.

⑩ 허수아비 배치하기

01 '일러스트작업' 창에서 허수아비를 선택하고, Ctrl + C 를 눌러 복사합니다.

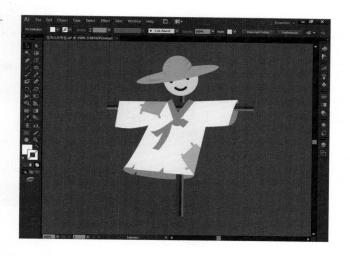

02 '포토샵작업' 창에 Ctrl + V 를 눌러 붙여넣기합니다. [Paste] 대화상자에서 'Pixels'를 선택하고, [OK] 버튼을 클릭한 후, 크기와 위치를 조절하여 배치하고, 레이어의 이름을 허수아비로 변경합니다.

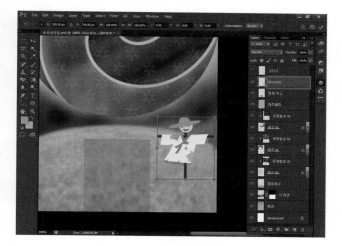

🅱 기적의 TIP

• 크기 조절점을 이용하여 이미지의 크기 조절을 할 때 Shift 를 눌러 좌우비율이 원본과 동일하게 유지된 채로 변경해야 합니다.
• 화면확대 및 축소 : Ctrl + = / Ctrl + −

03 Ctrl + T 를 눌러 크기 조절점을 나타내고, 자유롭게 변형하기 위해 Ctrl 을 누른 채 각 조절점들을 드래그하여 다음과 같이 변형한 후, Enter 를 눌러 변형을 확정합니다.

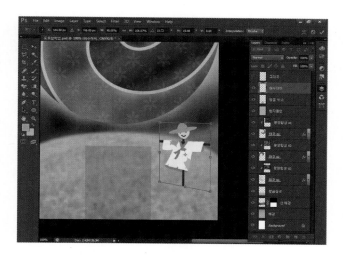

🅱 기적의 TIP

Free Transform에서 Ctrl 을 누른 채 조절점을 드래그하면 이미지의 비율 또는 다른 점들과 연동 없이 자유스럽게 움직여 이미지를 변형할 수 있습니다.

04 허수아비 그림자를 만들기 위해서 레이어를 복사하여 그림자로 만들어 보겠습니다. 허수아비 레이어가 선택된 상태에서 Ctrl+J를 눌러 레이어를 복사하고, 이름을 허수아비 그림자로 변경한 후, 위치를 '허수아비' 레이어 아래로 이동합니다. Ctrl+T를 눌러 크기 조절점을 나타내고 Ctrl을 누른 채 각 조절점을 움직여 다음과 같이 이미지를 납작하게 변형합니다.

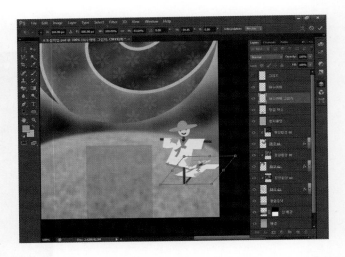

B 기적의 TIP

Ctrl + J : Layer via Copy

---

05 '허수아비 그림자' 레이어가 선택된 상태에서 Layers 패널의 'Lock Transparent Pixels'를 클릭합니다. 전경색을 C0M0Y0K100으로 설정한 후, Alt+Delete를 눌러 색을 채우고, Layers 패널에서 'Opacity : 30%'로 설정합니다.

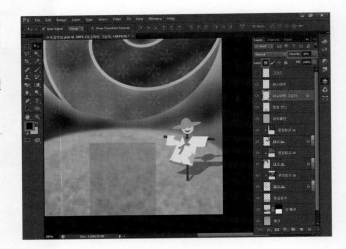

B 기적의 TIP

• Lock Transparent Pixels : 해당 레이어에서 투명한 부분은 수정이 불가능하도록 이미지를 잠급니다. 반대로 이미지가 있는 부분만 수정이 가능하기 때문에 이미지의 색상을 영역선택 없이 단색으로 변경하고자 할 때 자주 사용됩니다.

• 필요에 따라 '그리드' 레이어는 보이게 하고, 디자인 원고와 비교하여 위치나 크기 등을 확인합니다.

⑪ 깃발 배치하기

01 '일러스트작업' 창에서 깃발을 선택하고, Ctrl+C를 눌러 복사합니다.

02 '포토샵작업' 창에 Ctrl+V를 눌러 'Pixels' 로 붙여넣기하고, 크기를 조절한 후, Enter를 눌러 크기를 확정합니다. Ctrl+T를 눌러 크기 조절점을 나타내고, Ctrl을 누른 채 각 조절점들을 드래그하여 다음과 같이 변형한 후, Layers 패널에서 레이어의 이름을 깃발로 변경합니다.

03 깃발을 구부러진 곡선 형태로 변형하기 위해서 Ctrl+T를 눌러 크기 조절점을 나타내고, 상단에 위치한 옵션 바에서 'Switch between free transform and warp modes' 아이콘을 클릭하여 Warp 모드로 바꿉니다. 각 조절점과 핸들을 드래그하여 다음과 같이 곡선모양으로 변형한 후, Enter를 눌러 확정합니다.

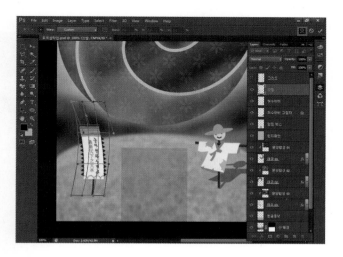

🎬 기적의 TIP

Warp mode : 조절점과 핸들을 이용하여 일러스트의 곡선과 같은 방법으로 이미지를 변형할 수 있습니다. 변형이 매우 자유롭지만 조절방법이 생각보다 쉽지 않기 때문에 몇 번의 연습이 필요합니다.

04 깃발 레이어를 복사하고, 이름을 깃발 그림자로 변경한 후, 위치를 '깃발' 레이어 아래로 이동합니다. 허수아비 그림자와 같은 방법으로 이미지를 변형하고, 색상을 채워 그림자를 만듭니다.

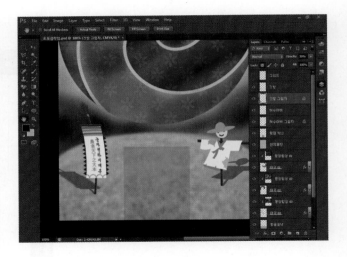

⑫ 타이틀 이미지 작업하기

01 다음으로 타이틀에 사용할 이미지를 불러오기 위해서 [File] 〉 [Open]을 선택하고, 농부.jpg를 불러옵니다.

02 농부 이미지가 열리면 'Pen Tool'을 선택하고, 옵션 바에서 'Path'로 설정한 후 농부의 외곽을 따라 선을 그립니다. 선이 완성되면 Ctrl + Enter 를 눌러 선택영역으로 설정하고, Ctrl + J 를 눌러 선택영역을 새 레이어로 복사합니다.

03 Layers 패널에서 'Background' 레이어의 눈 아이콘을 클릭하여 농부만 보이게 합니다. 농부가 들고 있는 바구니와 팔 사이에 보이는 배경을 삭제하기 위해서 'Polygon Lasso Tool'을 선택하고, 남아있는 배경 부분을 선택한 후, [Delete]를 눌러 삭제합니다.

🅑 기적의 TIP

'Polygonal Lasso Tool'로 선택할 때, 화면을 확대하여 클릭하면 편합니다. 또한 잘못된 클릭을 했을 경우 ⬅를 눌러 취소할 수 있습니다.

04 [Ctrl]+[D]를 눌러 모든 선택을 해제하고, 전경색을 C60M80Y80K40, 배경색을 C0M0Y0K0로 설정합니다. 이미지에 스케치 필터효과를 적용하기 위해서 [Filter] 〉 [Filter Gallery]를 선택합니다.

🅑 기적의 TIP

• Filter Gallery에서는 다양한 회화, 스케치 효과를 적용할 수 있습니다.
• 포토샵 버전에 따라 필터 메뉴의 위치가 다를 수 있습니다.

05 대화상자가 열리면 [Sketch] 〉 [Stamp]를 선택하고, 'Light/Dark Balance : 15, Smoothness : 9'로 설정한 후, [OK] 버튼을 클릭합니다.

06 Ctrl+C를 눌러 복사하고, '포토샵작업' 창에 Ctrl+V를 붙여 넣은 후, 크기와 위치를 조절하여 다음과 같이 배치한 후, 레이어의 이름을 농업인으로 변경합니다.

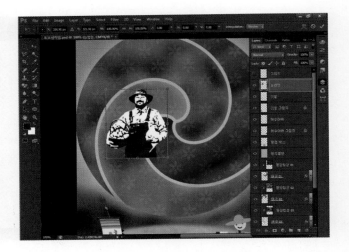

07 Layers 패널에서 '농업인' 레이어를 더블클릭하고, [Layer Style] 대화상자에서 'Styles : Stroke'를 클릭하여 'Size : 5px, Position : Outside, Color : C0M0Y0K0'으로 설정합니다.

🅑 기적의 TIP

• [Layer Style] 대화상자를 열기 위해 레이어를 더블클릭할 때 레이어의 이름 옆에 빈 공간을 더블클릭해야 합니다.
• [Layer Style] 대화상자에서 옵션 설정 후, 다른 효과도 적용하기 위해서 [OK] 버튼을 누르지 않습니다.

08 [Layer Style] 대화상자에서 'Outer Glow'를 클릭하고, 'Blend Mode : Screen, Opacity : 75%, 색상 : C0M0Y0K0, Spread : 12%, Size : 30px'로 설정한 후, [OK] 버튼을 클릭합니다.

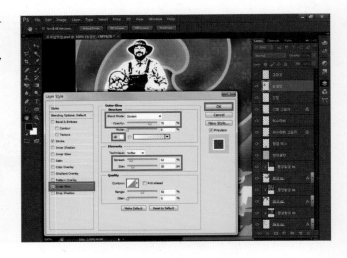

09 농업인 이미지의 아래 부분이 조금 길기 때문에 일부분을 삭제하기 위해서 Layers 패널에서 'Add Layer mask' 아이콘을 클릭하여 '농업인' 레이어에 마스크를 적용합니다. 전경색을 C0M0Y0K100, 배경색을 C0M0Y0K0으로 설정하고, 'Gradient Tool'로 농업인 이미지의 아래쪽 부분을 아래에서 위로 드래그합니다.

기적의 TIP

시험에서는 지우개 도구를 사용하는 것보다 마스크를 활용하는 것이 좋습니다. 실수를 했을 시 다시 이미지를 불러와 작업할 필요 없이 마스크 레이어만 지우고 다시 적용하면 되기 때문입니다.

⑬ 타이틀 만들기

01 'Type Tool'을 클릭하고, 디자인 원고를 참고하여 글꼴과 크기를 적절히 설정합니다. 농을 다음과 같은 위치에 입력하고, 색상을 C60M80Y80K40으로 설정합니다.

기적의 TIP

• 글자의 폰트는 디자인 원고를 확인하여 비슷하게 설정합니다. 완벽하게 똑같은 폰트로 설정하지 않아도 됩니다.
• [Window] 〉 [Character] 메뉴를 선택하고, Character 패널에서 문자의 글꼴 종류, 크기, 자간, 색상 등을 변경할 수 있습니다.

02 Layers 패널에서 '농' 레이어를 더블클릭하고, [Layer Style] 대화상자에서 'Styles : Stroke'를 클릭하여 'Size : 6px, Position : Outside, Color : C0M0Y0K0'으로 설정합니다.

03 다음 글자도 입력하고, 효과를 적용하겠습니다. 'Type Tool'을 클릭하고, 글꼴과 크기를 적절히 설정한 후, 업을 다음과 같은 위치에 입력하고, 색상을 C60M80Y80K40으로 설정합니다. [Layer Style] 대화상자를 열고, 같은 옵션으로 'Styles : Stroke'를 적용합니다.

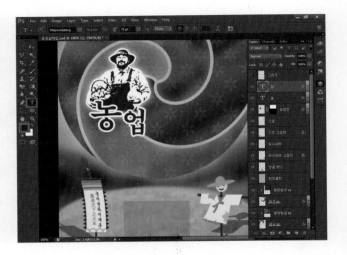

04 같은 방법으로 타이틀에 들어갈 글자 인, 의, 날을 하나씩 차례대로 입력한 후, Layer Style 을 적용합니다.

> ⓕ 기적의 TIP
>
> 글자의 크기, 위치가 모두 다르기 때문에 한 글자씩 입력해야 합니다.

05 'Type Tool'을 클릭하고, 디자인 원고를 참고하여 글꼴과 크기를 적절히 설정합니다. 타이틀 아래에 11월 11일은 농업인의 날입니다를 입력한 후, 색을 C60M80Y80K40으로 설정하고, 'Styles : Stroke'를 적당한 두께로 적용합니다.

06 다음으로 타이틀 옆에 벼 모양 오브젝트를 배치하기 위해서 '일러스트작업' 창에서 벼 모양을 선택하고, Ctrl+C를 눌러 복사합니다.

07 '포토샵작업' 창에 Ctrl+V를 눌러 붙여넣기합니다. [Paste] 대화상자에서 'Pixels'를 선택하고, [OK] 버튼을 클릭한 후, 크기와 위치를 조절하고, Enter를 눌러 확정합니다. [Layer Style] 대화상자를 열고, 'Styles : Stroke'를 적당한 두께로 적용한 후, Layers 패널에서 레이어의 이름을 벼로 변경합니다.

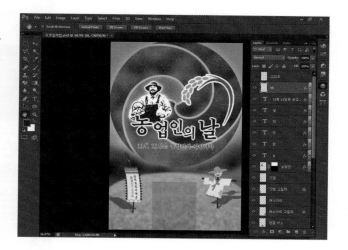

기적의 TIP

크기 조절점으로 크기를 변경할 때는 반드시 모서리의 점을 Shift를 누른 채로 드래그하여 원래 비율이 유지되도록 해야 합니다.

⑭ 로고 배치하기

01 '일러스트작업' 창에서 농촌진흥청 로고를
선택하고, Ctrl+C를 눌러 복사합니다.

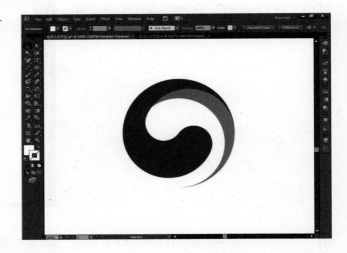

02 '포토샵작업' 창에 Ctrl+V를 눌러 붙여넣
기하고, 크기와 위치를 조절한 후, Layers 패널에
서 레이어의 이름을 농촌진흥청 로고로 변경합
니다. 레이어를 더블클릭하여 [Layer Style] 대화
상자를 열고, 'Styles : Stroke'를 'Size : 3px,
Position : Outside, Color : C0M0Y0K0'으로 설
정합니다.

03 로고 아래 부분에 글자를 입력하기 위해서
'Type Tool'을 클릭하고, 디자인 원고를 참고하
여 글꼴과 크기를 적절히 설정합니다. 로고 아래
에 농촌진흥청을 입력한 후, 색을 C0M0Y0K80
으로 설정하고, 'Styles : Stroke'를 'Size : 3px,
Position : Outside, Color : C0M0Y0K0'으로 설
정한 후, [OK] 버튼을 클릭합니다.

15 검토 및 저장하기

01 Layers 패널에서 '그리드' 레이어를 켠 후, 디자인 원고와 전체적으로 비교하여 검토합니다. 검토가 끝나면 '그리드' 레이어의 눈을 끄고, Ctrl + S 를 눌러 저장합니다.

🅑 기적의 TIP

Ctrl + S : Save(저장하기)

02 Layers 패널에서 '그리드' 레이어 바로 아래 레이어를 선택한 후, Ctrl + Alt + Shift + E 를 눌러 모든 레이어가 합쳐진 새 레이어를 만듭니다.

🅑 기적의 TIP

Ctrl + Alt + Shift + E 를 누르면 현재 보이는 모든 레이어를 하나의 새 레이어로 만듭니다. 기존의 레이어는 지워지지 않고 그대로 유지되므로 혹시 모를 수정 작업에 유리합니다. 또한 블렌딩 모드가 적용된 레이어를 합치치 않고 RGB 모드로 바로 변환할 경우, 색상 조합이 다르게 나오는 문제를 해결할 수 있습니다.

03 [Image] > [Mode] > [RGB Color] 메뉴를 선택하여 RGB 모드로 전환하고, [Adobe Photoshop CS6 Extended] 대화상자가 열리면 [Don't Flatten] 버튼을 클릭합니다.

🅑 기적의 TIP

RGB 모드로 변경하는 이유는 시험장의 특수한 환경 때문입니다. 인쇄용 프린터가 아닌 개인, 사무용 프린터를 이용해 RGB 모드로 출력하기 때문입니다.

04 [File] 〉 [Save As] 메뉴를 선택하여 '파일이름 : 자신의 비번호(예를 들어 01번이면 01)'을 입력합니다. PC 응시자는 'Format : JPEG' 형식을 선택합니다.

05 [JPEG Options] 대화상자가 열리면 'Quality : 12', 'Format Option : Baseline("Standard")'으로 설정하고, [OK] 버튼을 클릭합니다. 저장이 되면 윈도우 탐색기를 열어 폴더 안에 파일이 제대로 생성되었는지 확인합니다.

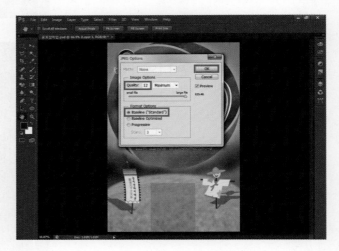

기적의 TIP

- Quality는 JPEG의 압축 품질을 설정하는 옵션으로서 수치를 낮게 설정하면 용량이 매우 줄어들며 화질이 손상됩니다. 따라서 최대한 높은 수치로 설정하여 화질이 최대한 떨어지지 않도록 합니다.
- 윈도우 탐색기는 ⊞+E 를 눌러 열 수 있습니다.

01 작업 준비하기

인디자인을 실행하고, [File] > [New Document]를 선택하여 [New Document] 대화상자가 열리면 'Number of Pages : 1, Facing Pages : 체크 해제, Page Size : A4', Margins 'Make all settings the same : 해제, Top : 25.5mm, Bottom : 25.5mm, Left : 22mm, Right : 22mm'로 입력한 후, [OK] 버튼을 클릭합니다.

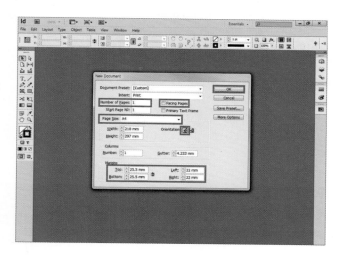

🅑 기적의 TIP

- Ctrl + N : New Document(새로 만들기)
- 출력할 종이 크기는 210mm×297mm(A4)이고, 완성된 디자인 이미지의 크기는 166mm×246mm이므로 여백을 설정하기 위해서는 A4의 세로 길이 297mm에서 246mm를 뺀 값 51mm과 A4의 가로 길이 210mm에서 166mm를 뺀 값 44mm를 2등분하여 각각의 여백으로 지정합니다.
- Margins에서 여백을 다르게 설정하기 위해서는 쇠사슬 모양의 아이콘 Make all settings the same을 클릭하여 끊어진 쇠사슬 아이콘으로 바꿔야 합니다.
- [New Document] 대화상자에서 단위가 pt(Point)로 표시되는 경우 [Edit] > [Preferences] > [Units & Increments]를 선택하여 [Preferences] 대화상자에서 'Horizontal'과 'Vertical'을 Millimeters로 설정합니다.

02 작품규격 안내선 만들기

01 포토샵에서 작업된 디자인 이미지의 실제 크기대로 안내선이 만들어졌으면 안내선의 위쪽, 아래쪽, 왼쪽, 오른쪽의 안쪽으로 3mm를 뺀 작품규격 크기의 안내선도 만들어야 합니다. 눈금자의 기준점을 드래그하여 왼쪽 위의 안내선 교차지점에 이동하여 교차지점이 '0'이 되도록 합니다.

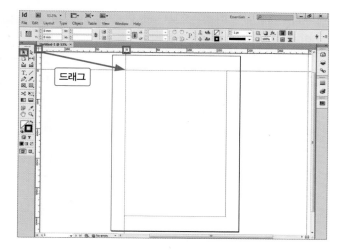

02 'Zoom Tool'로 실제 크기 안내선 왼쪽 위를 드래그하여 확대합니다.

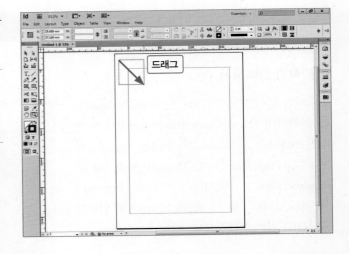

03 왼쪽 눈금자에서 마우스를 드래그하여 기준선 0mm 지점에서 오른쪽으로 3mm만큼 이동한 지점에 안내선을 가져다 놓습니다.

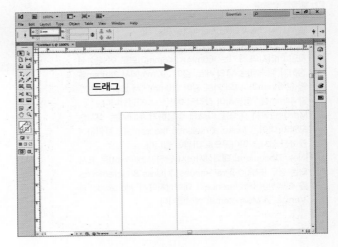

04 위쪽 눈금자에서 마우스를 드래그하여 기준선 0mm 지점에서 아래쪽으로 3mm만큼 이동한 지점에 안내선을 가져다 놓습니다.

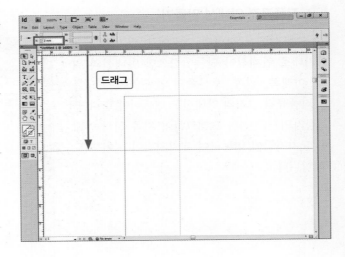

05 'Hand Tool'을 더블클릭하여 윈도우 화면 크기로 맞춘 후, 'Zoom Tool'로 오른쪽 아래의 영역을 드래그하여 확대합니다.

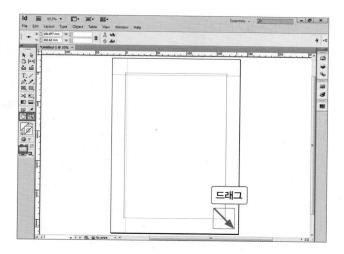

06 왼쪽 눈금자에서 마우스를 드래그하여 166mm 지점에서 왼쪽으로 3mm만큼 이동한 지점(163mm)에 안내선을 가져다 놓습니다.

> **기적의 TIP**
>
> 왼쪽 눈금자에서 안내선을 꺼내 컨트롤 패널에서 'X : 163mm'로 입력하여 정확히 배치할 수 있습니다.

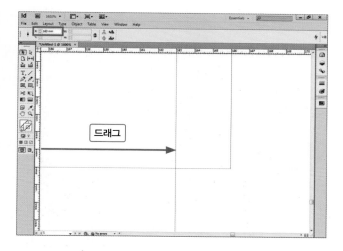

07 위쪽 눈금자에서 마우스를 드래그하여 오른쪽 아래의 246mm 지점에서 위쪽으로 3mm만큼 이동한 지점(243mm)에 안내선을 가져다 놓습니다.

> **기적의 TIP**
>
> 위쪽 눈금자에서 안내선을 꺼내 컨트롤 패널에서 'Y : 243mm'로 입력하여 정확히 배치할 수 있습니다.

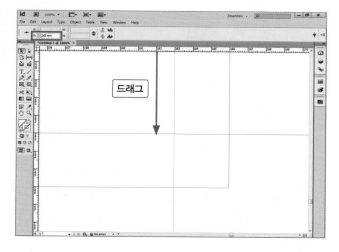

⑬ 재단선 표시하기

01 'Hand Tool'을 더블클릭하여 윈도우 화면 크기로 맞춥니다.

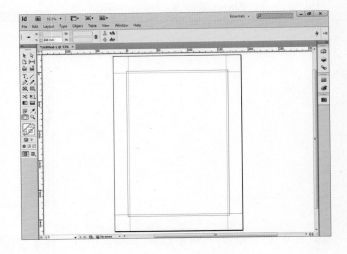

02 왼쪽 위를 'Zoom Tool'로 확대한 후 'Line Tool'을 클릭하고, [Shift]를 누른 채 수직으로 드래그하여 세로선을 그린 후, 컨트롤 패널에서 'L : 5mm'로 입력하여 선의 길이를 조절합니다.

> **⑫ 기적의 TIP**
>
> 컨트롤 패널에서 'L' 값을 참고하여 정확한 수치를 확인하거나 입력할 수 있습니다. 디자인 원고에서 재단선의 규격에 대한 언급이 없지만 5mm~10mm 정도가 적절합니다.

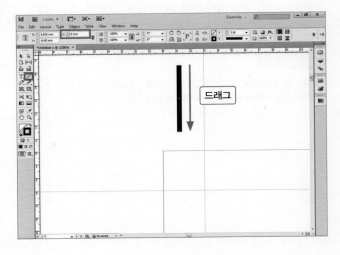

03 이번에는 [Shift]를 누른 채 수평으로 드래그하여 가로선을 그린 후, 컨트롤 패널에서 'L : 5mm'로 입력하여 선의 길이를 조절합니다.

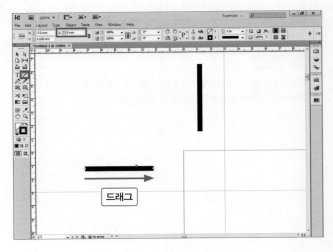

04 'Selection Tool'을 선택하고, 세로선을 클릭하여 세로 안내선의 왼쪽에 붙도록 배치하고, 가로선은 가로 안내선의 위쪽에 가져다 놓습니다.

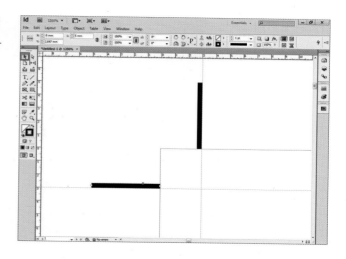

05 'Selection Tool'로 Shift 를 누른 채 가로선과 세로선을 클릭하여 선택하고, Ctrl + C 를 눌러 복사합니다. 'Hand Tool'을 더블클릭하여 윈도우 화면으로 맞춘 후, 오른쪽 위를 'Zoom Tool'로 드래그하여 확대합니다.

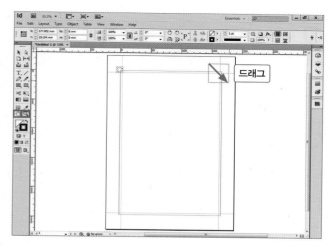

06 Ctrl + V 로 붙여넣기하고, 'Selection Tool'로 세로선을 클릭하여 세로 안내선의 오른쪽에 붙도록 배치하고, 가로선은 가로 안내선의 위쪽에 가져다 놓습니다.

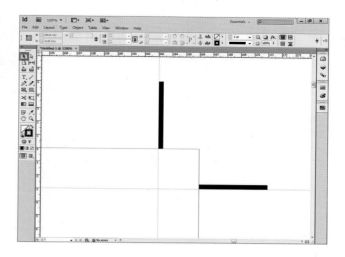

07 왼쪽 아래도 선을 배치합니다. 세로선은 세로 안내선의 왼쪽에 붙도록 배치하고, 가로선은 가로 안내선의 아래쪽에 배치합니다. 오른쪽 아래도 같은 방법으로 재단선을 배치합니다.

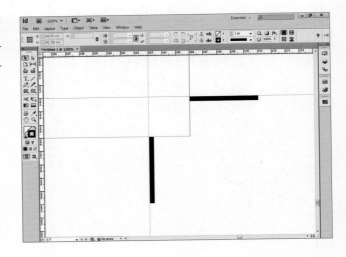

04 이미지 가져오기

01 'Hand Tool'을 더블클릭하여 윈도우 화면으로 돌아옵니다. 포토샵에서 만든 JPG 파일을 불러오기 위해서 [File] 〉 [Place]를 선택합니다.

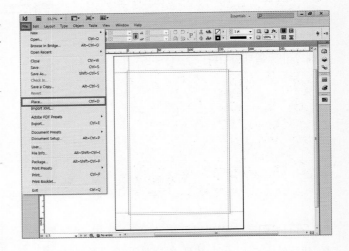

02 [Place] 대화상자가 열리면 01.jpg를 선택하고, [열기] 버튼을 클릭합니다.

03 왼쪽 위의 실제 크기 안내선을 기준으로 마우스를 클릭하여 이미지를 삽입합니다. 컨트롤 패널에서 'Reference Point'를 '왼쪽 상단 점'으로 설정하고, 'X : 0mm, Y : 0mm, W : 166mm, H : 246mm'를 확인합니다. 수치가 차이가 날 경우 수치를 직접 입력합니다.

> **기적의 TIP**
>
> Reference Point가 기본설정대로 중앙에 설정되어 있는 경우, 이미지가 엉뚱한 곳에 위치할 수 있으므로 반드시 왼쪽 상단 점으로 변경해야 합니다.

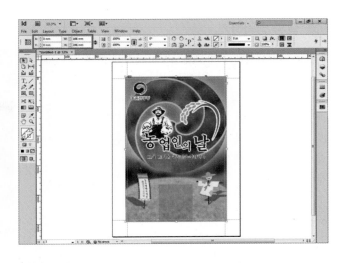

04 이미지에 마우스 오른쪽 버튼을 클릭하여 [Display Performance] 〉 [High Quality Display]를 선택하여 이미지를 선명하게 합니다.

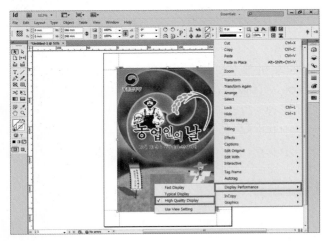

05 작업 외곽선 표시여부 확인하기

이미지를 가져오고 난 후, 디자인 원고를 확인하여 작품의 외곽선 표시여부를 반드시 확인합니다. 이번 작품 디자인 원고의 '작품 외곽선은 생략하고' 라는 지시에 따라 외곽선을 그리지 않고 다음 작업으로 넘어가겠습니다.

> **기적의 TIP**
>
> 디자인 원고의 지시사항에 '작품 외곽선을 표현 또는 표시'라는 문구가 보이면 재단선을 따라 검은색 선으로 외곽선을 그립니다.

06 글자 입력하기

01 'Type Tool'을 선택하고, 아래 글자가 들어갈 부분을 드래그하여 글상자를 만듭니다. 글상자에 Farmer's Day를 입력하고, 'Type Tool'로 글자를 블록 지정하여 컨트롤 패널에서 디자인 원고를 참고로 글꼴과 크기를 적절히 설정한 후, 툴박스에서 글자 색상을 C60M80Y80K40으로 설정합니다.

🅑 기적의 TIP

• [Type] 〉 [Character]를 선택하여 패널을 열어 글자의 자간, 행간 등의 세부설정을 할 수 있습니다.
• 글자를 수정하기 위해서는 해당 글자가 먼저 블록으로 지정되어 있는 상태여야 합니다.

02 글자 아래 선을 그리기 위해서 'Line Tool'을 선택하고, [Shift]를 누른 채 수평 방향으로 드래그하여 선을 그린 후, 선색을 C0M0Y0K100으로 설정합니다. Stroke 패널을 열어 'Weight : 1pt'로 설정합니다.

🅑 기적의 TIP

• Weight는 선 두께를 의미합니다.
• 검정색 표기 : C0M0Y0K100 또는 K100
• 흰색 표기 : C0M0Y0K0 또는 W

03 'Type Tool'을 선택하고, 선 아래쪽 글자가 들어갈 부분을 드래그하여 글상자를 만듭니다. 글상자에
일시 : 11월11일(화) 11:00
장소 : 농협중앙회 본관 1층
행사 : 어울림한마당, 골든벨
을 입력하고, 'Type Tool'로 글자를 블록 지정하여 글꼴과 크기를 적절히 설정한 후, 글자 색상은 C0M0Y0K100으로 설정합니다. [Type] 〉 [Paragraph]를 선택하여 Paragraph 패널에서 글자의 정렬을 'Justify all lines'로 설정합니다.

04 'Type Tool'로 '11월11일(화) 11:00' 부분만
블록 지정하고, Stroke 패널을 열어 'Weight :
0.25pt' 정도로 설정하여 글자 두께를 다른 글자
보다 조금 두껍게 설정합니다.

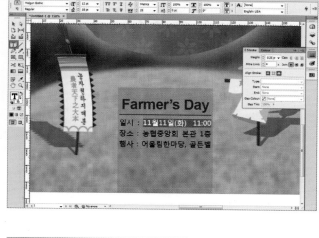

05 글자 아래 선을 그리기 위해서 'Line Tool'을
선택하고, Shift 를 누른 채 수평방향으로 드래그
하여 선을 그린 후, 색상은 C0M0Y0K100으로
설정합니다. Stroke 패널을 열어 'Weight : 0.5pt'
로 설정합니다.

06 다음 글자를 입력하기 위해서 'Type Tool'을
선택하고, 선 아래쪽 글자가 들어갈 부분을 드
래그하여 글상자를 만듭니다. 글상자에 www.
farmersday.or.kr을 입력하고, 'Type Tool'로 글자
를 블록 지정하여 컨트롤 패널에서 디자인 원고
를 참고로 글꼴과 크기를 적절히 설정합니다. 툴
박스에서 글자 색상을 C0M0Y0K100으로 설정
합니다.

07 글자 아래 선을 그리기 위해서 'Line Tool'을 선택하고, Shift를 누른 채 수평 방향으로 드래그하여 선을 그린 후, 색상은 C0M0Y0K100으로 설정합니다. Stroke 패널을 열어 'Weight : 1pt'로 설정합니다.

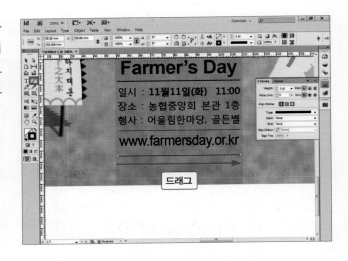

07 비번호 입력하기

이미지 왼쪽 아래를 'Zoom Tool'로 드래그하여 확대한 후, 'Type Tool'로 글상자를 만듭니다. 글상자에 비번호(등번호)를 입력한 후, 글자를 블록으로 지정하여 컨트롤 패널에서 'Font : Dotum, Font Size : 10pt'로 설정합니다. 'Selection Tool'을 선택하여 비번호(등번호)를 재단선 끝선에 정렬하여 배치합니다.

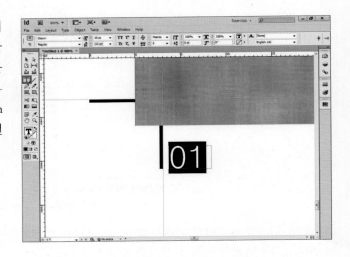

08 저장하고 제출하기

[File] 〉 [Save]를 선택하여 파일이름을 자신의 비번호 01로 입력한 후, [저장] 버튼을 클릭합니다. 최종으로 작업이 완성되면 'Hand Tool'을 더블클릭하여 결과물 전체를 확인합니다. 작업 폴더를 열고, '01.indd' 파일과 '01.jpg' 파일만 제출합니다. 출력은 출력 지정 자리에서 '01.indd' 파일을 열고 프린트합니다. 프린트 된 A4 용지는 시험장에서 제공하는 켄트지의 한 가운데 붙여 제출합니다.